HOME STUDIO
CÓMO GRABAR TU PROPIA
MÚSICA Y VÍDEOS

David Little

HOME STUDIO
CÓMO GRABAR TU PROPIA
MÚSICA Y VÍDEOS

MA
NON
TROPPO

© 2017, David Andrés Little Martín

© 2017, Redbook Ediciones, s. l., Barcelona.

Diseño de cubierta: Regina Richling

Diseño interior: Amanda Martínez

Fotografías de instrumentos musicales y equipos de cortesía de ADAM Audio, Gibson, Manuel Rodríguez Guitarras, Rode Microphones, Tascam, Yamaha y Zentral Media.

Fotografías capítulo 10 realizadas por Manuel Blanco Bandera.
Modelo: Lucas Palacios Gil.

ISBN: 978-84-946504-5-1
Depósito legal: B-668-2017

Impreso por Sagrafic, Plaza Urquinaona, 14 7º 3ª, 08010 Barcelona

Impreso en España - *Printed in Spain*

Para Damien

ÍNDICE

INTRODUCCIÓN

¿Sería posible vivir sin música? No parece un mundo demasiado idílico, ¿verdad? Vivimos rodeados de estímulos audiovisuales que inundan cada uno de los rincones. La música grabada nos rodea en nuestro día a día: cuando escuchamos la radio, cuando vemos la televisión, cuando vamos al supermercado, cuando entramos en una cafetería, cuando salimos por la noche, cuando conducimos nuestro automóvil, cuando esperamos en una consulta y, por supuesto, cuando escuchamos las canciones de nuestros artistas favoritos. No es de extrañar. La música es un arte intrínsecamente ligado al ser humano.

Si lo pensamos detenidamente, el hecho de poder inmortalizar una interpretación musical para que luego pueda ser reproducida tiene un fuerte componente poético. Hoy en día es posible grabar nuestra propia música con los medios más accesibles, desde un teléfono móvil hasta un ordenador. Pero esto no siempre ha sido así. Este libro está dirigido a toda aquella persona que quiera introducirse en el mundo de la grabación musical en el sentido más amplio de la palabra: desde el registro, mezcla y masterización de una interpretación musical, hasta la realización de un videoclip o un vídeo en directo.

La primera parte del libro está centrada en la grabación musical a nivel de audio:

▷ Cómo afrontar la grabación de un disco o maqueta.

▷ Todo lo que debes saber para empezar en el mundo del audio.

▷ Qué micrófonos utilizar.

▶ Cómo ecualizar, comprimir las señales y aplicar efectos de sonido.

▶ Cómo sonorizar los distintos instrumentos.

▶ Qué herramientas necesitamos para registrar el sonido.

▶ Qué software es el más indicado.

▶ En qué consiste la mezcla y masterización.

La segunda parte está dedicada a la grabación de vídeos musicales, tanto videoclips como interpretaciones en directo:

▶ Qué niveles de producción audiovisual existen.

▶ Qué equipos humanos son necesarios.

▶ Cómo captar imagen en movimiento adecuadamente.

▶ Qué tipos de cámaras y objetivos hay.

▶ Qué normas de composición básicas nos pueden ser de utilidad.

▶ Cuáles son los movimientos de cámara habituales.

▶ Cómo podemos iluminar interiores y exteriores correctamente.

▶ Captación y sincronización del sonido para vídeos musicales.

▶ Cómo organizar la realización de un videoclip adecuadamente.

▶ En qué consiste la edición de vídeo.

Con la invención del fonoautógrafo y del fonógrafo en la segunda mitad el siglo xix, Leon Scott y Thomas Edison cambiaron para siempre la historia de la música. Por primera vez el ser humano fue capaz de registrar el sonido para su posterior reproducción. Este hecho sin precedentes, que hoy en día nos parece tan natural, suponía un giro de 180 grados, un acontecimiento extraordinario como medio de la difusión de la cultura. Disponer de las herramientas y los conocimientos para captar la esencia de una interpretación musical más allá de la partitura tiene sin duda un gran impacto a nivel antropológico. Constituye un importante desarrollo, especialmente para la música popular. A partir de este hallazgo, las corrientes musicales tradicionales que antaño se habían difundido y desarrollado través de la transmisión oral, pudieron ser inmortalizadas para siempre. Según los estudios más recientes la música es como mínimo una expresión cultural tan antigua como el lenguaje hablado. Si tenemos en cuenta esto estamos sin duda ante un hecho asombroso.

No es de extrañar que para realizar la primera grabación de la historia se utilizara la interpretación vocal de una canción popular francesa, «Au clair de la lune». La canción se registró en hojas de papel con fines puramente científicos a través de un fonoautógrafo en 1860. Por aquel entonces no se tenía la capacidad de reproducir el sonido. De hecho, no se pudo escuchar el resultado de este experimento hasta el año 2008. Esto nos sirve para hacernos una idea de la importancia de la música popular para el ser humano.

La evolución tecnológica que separa este hecho histórico de los últimos lanzamientos discográficos es asombrosa: el fonógrafo, el gramófono, la grabación electroacústica, el registro magnético... hasta llegar a la actual era digital. Si lo pensamos en términos generales el camino ha sido corto e intenso, lleno de hitos de la grabación musical. Ejemplos de ellos son la comercialización de discos, el nacimiento del cine sonoro, el desarrollo del cine musical, los primeros experimentos de Leopold Stokowski, las grabaciones de rock and roll de los años cincuenta, las primeras retransmisiones televisivas de música en directo, el desarrollo de la grabación multipista en los años sesenta, la llegada del videoclip como medio de difusión musical y la evolución progresiva de la grabación digital.

Por su parte, la música y la imagen en movimiento han tenido una relación muy estrecha desde sus comienzos. Sería imposible entender su desarrollo por separado. Esta simbiosis tiene sus antecedentes en las exhibiciones de cine mudo, donde las películas se complementaban con una interpretación en directo en los propios teatros. El nacimiento del cine sonoro tuvo lugar precisamente con el estreno de una película musical en 1927, *El cantor de jazz*. Este género, precursor más claro del videoclip, con los años llegó a convertirse en uno de los favoritos del público, especialmente en países como Estados Unidos, India y España.

A partir de los años cincuenta el desarrollo de la televisión permitió las primeras retransmisiones de interpretaciones musicales en vivo. El registro audiovisual de música en directo es a día de hoy en vivo imprescindible para la difusión de una carrera artística. La realización de contenido audiovisual nos sirve para conectar con el público objetivo y para mostrar de forma fidedigna nuestras cualidades en directo a potenciales promotores de conciertos. En un entorno donde el intercambio de información a través de Internet está más en boga que nunca, los contenidos audiovisuales son un aliado indispensable para dar a conocer nuestra música.

Para construir todo este legado musical y audiovisual han sido necesarios enormes avances tecnológicos, el desarrollo de una poderosa industria cultural (cinematográfica, musical y mediática especialmente) y, sobre todo, grandes inversiones económicas. Ahora podemos hacerlo en nuestra casa.

La digitalización de los procesos de grabación musical ha traído consigo un abaratamiento progresivo de los costes de producción en las últimas dos décadas. Gracias a la proliferación de estudios de grabación independientes, equipos semiprofesionales y la democratización del home studio, grabar música es a día de hoy más barato que nunca. Esto sin duda es una buena noticia.

Lógicamente siempre es más recomendable acudir a manos expertas para obtener los mejores resultados. La razón no está tanto en el equipamiento tecnológico de alta gama del que pueda disponer un estudio profesional, sino en el saber hacer de ingenieros de sonido, productores y, en general, de los trabajadores especializados en la grabación musical. El arma más efectiva de todos ellos es la experiencia. Aun sí, siempre que se cuenten con los conocimientos técnicos y prácticos suficientes, realizar grabaciones de calidad está al alcance de cualquier músico. La falta de tecnología nunca debe ser un factor para no afrontar una grabación musical o audiovisual. Aun no teniendo herramientas suficientes para realizar una producción con vistas a ser editada profesionalmente, la economía de recursos nos impulsará a experimentar, aprender y potenciar nuestra creatividad. Son muchos los grandes discos de la historia de la música popular los que se han grabado con pocos recursos o, como mínimo, con tecnología que hoy en día consideraríamos obsoleta.

Este libro tiene en la divulgación y el aprendizaje práctico su razón de ser. Esperamos de corazón que te sea de utilidad.

CÓMO GRABAR TU PROPIA MÚSICA

1

EQUIPO HUMANO DURANTE UNA PRODUCCIÓN

Si estás leyendo estas páginas es muy probable que hayas llegado a la conclusión de que quieres grabar por tu cuenta aquellos temas que tienes entre manos. Ya quieras grabar una maqueta, editar un disco de manera profesional, llegar a estándares de calidad aceptables o simplemente experimentar, es primordial conocer cómo funciona una grabación desde el punto de vista organizativo.

Llegados a este punto de no retorno en el que hemos decidido apostar por inmortalizar nuestros temas, tenemos tres opciones básicas, independientemente de los objetivos que quieras alcanzar:

▶ Contar con la experiencia de profesionales del sector, grabar en un estudio de grabación.

▶ Realizar la grabación íntegramente por nuestra cuenta con nuestros propios medios

▶ Llegar a un término medio entre ambos y delegar los aspectos más complejos de la grabación.

Si queremos lograr los mejores resultados, la opción más idónea es acudir a un productor musical de confianza, o en su defecto a un estudio de grabación que cuente con los servicios de un buen ingeniero de sonido. Pero el hecho de grabar en un estudio de grabación no garantiza de por sí resultados óptimos. Es bien sabido que existen muchísimas grabaciones realizadas en estudios profesionales que no cuentan con suficiente calidad técnica y/o artística para ser considerado una grabación editable. Igualmente, hay muchísimos discos con altos baremos de calidad que han sido realizados íntegramente en estudios caseros.

¿Qué diferencia entonces una maqueta de una grabación profesional? La respuesta no está tanto en el dónde grabamos, sino en el cómo y el quién. Una grabación realizada en home studio por un profesional con conocimiento de causa sin duda sonará mejor que una grabación realizada en estudios con equipos de alta gama pero poco trabajada. Todo depende del material que tengamos entre manos, de la ejecución musical de la obra, del nivel de arreglos de las obras, del personal técnico que realiza la grabación. En definitiva, para lograr una experiencia satisfactoria, la máquina ha de estar bien engrasada.

¿Es posible realizar nosotros mismos por nuestra cuenta algunas partes de la grabación mientras delegamos los aspectos más complejos en manos profesionales? Por supuesto. De hecho es algo cada vez más frecuente, incluso en aquellos ámbitos lejanos del terreno puramente amateur. Es bastante habitual encontrarnos en el mercado con discos que han sido producidos desde un punto de vista mixto, con partes que sido grabadas en estudios profesionales y otras que fueron realizadas exclusivamente en home studio. A menudo algunas grabaciones cuentan con baterías grabadas en un estudio profesional bajo los parámetros más estrictos de profesionalidad, mientras que otros instrumentos cuyo registro sonoro no requiere en principio de una infraestructura tan compleja (como pueden ser guitarras y voces) han sido grabados en una habitación casera con una tecnología de gama media. Igualmente es frecuente encontrarnos con grabaciones realizadas por los propios músicos, pero que cuentan con una posproducción efectuada enteramente por expertos en mezcla y masterización. Independientemente del presupuesto que manejemos, nunca debemos perder de vista este trabajo organizativo. Al fin y al cabo, si algo caracteriza a una producción musical profesional y costosa es su alto nivel de especialización. La cuestión está en saber hasta dónde queremos llegar, para poder decidir con conocimiento de causa qué funciones debemos delegar.

Por todas estas razones, antes de encarar una producción musical, resulta del todo necesario que sepamos qué funciones organizativas participan en el proceso de grabación. Tanto si vamos a delegarlas en profesionales externos como si vamos a tomar todas las riendas de nuestra grabación. En toda grabación interviene un equipo humano para gestionar las diferentes funciones que entran en juego. Para que el proyecto llegue a buen puerto es fundamental tener clara la jerarquía dentro del estudio, saber quién tiene las riendas y a quiénes le corresponden las diferentes decisiones que hay que tomar.

En la edad de oro de la industria discográfica, cuando los presupuestos eran muy holgados, estas funciones siempre estuvieron muy bien definidas. Sin embargo, hoy en día es muy inusual que una grabación cuente con altos presupuestos. Por regla general los diferentes aspectos de la producción han de ser abarcados por pocas personas, tanto en la escena *mainstream* como a nivel independiente. Por supuesto, esto es más acusado cuando nos movemos en el extremo opuesto, en producciones realizadas íntegramente desde nuestro home studio.

En definitiva, si nuestro deseo es grabar desde nuestro home studio, nos veremos obligados a abarcar la práctica totalidad (sino todas) de estas funciones. Si por el contrario vamos a acudir a un estudio de grabación profesional, nunca es recomendable entrar a la sala sin una idea clara de cómo funciona el trabajo y quiénes lo desempeñan. Ahorraremos tiempo y dinero si todos los que participan en la grabación saben cuál es su papel.

▶ ¿Quién se encarga de dirigir la grabación?

▶ ¿Quién es el encargado de gestionar todo el apartado técnico?

▶ ¿Quiénes realizarán los arreglos musicales de las obras?

▶ ¿Quiénes interpretarán las obras?

A continuación repasamos los cargos esenciales que se deben asumir durante una producción.

Productor musical

El productor es el máximo responsable del desarrollo de una grabación, el jefe de todo esto. En ocasiones también se le denomina simplemente productor artístico para diferenciarlo claramente del productor musical discográfico. A diferencia del productor discográfico, un productor musical artístico no realiza ninguna inversión económica. Su labor es más bien organizativa y artística. Si hacemos una analogía con la industria cinematográfica, un productor artístico sería equivalente al director de una película. También podemos encontrar algunas similitudes con el director de producción, pues a menudo es quien elige dónde y cómo se va a grabar, según el presupuesto disponible. Algunos de los productores musicales más famosos de la historia son Phil Spector, George Martin o Quincy Jones. Ni que decir tiene que muchos músicos, incluso dentro de la primera división de la escena musical, deciden autoproducir sus discos.

Durante una grabación hay que tomar muchísimas decisiones continuamente, decisiones que en última instancia le corresponden al productor. El productor musical lleva las riendas de todos los aspectos de la producción, dirige los equipos, ayuda a seleccionar el repertorio e identifica el estilo musical. Por esta razón es necesario elegir a esta persona adecuadamente mucho antes de entrar en el estudio.

¿Cómo podemos guiarnos para decidir con conocimiento de causa quién va a ser el encargado de producir una grabación? Para ello es necesario hacernos las siguientes preguntas:

▶ **¿El productor cumple correctamente su papel de liderazgo?** En la práctica siempre debe estar muy claro quién tiene la última palabra. De lo contrario es probable que el proyecto no llegue a buen puerto, que se eternice el proceso y que se den palos ciego.

▶ **¿Tiene la suficiente preparación?** Para aprovechar bien los recursos disponibles es importantísimo que el productor tenga los suficientes conocimientos musicales y técnicos para tomar las decisiones de forma correcta en el menor tiempo posible.

▶ **¿Tiene el talante necesario?** Un productor ha de tener los recursos psicológicos suficientes como para poder gestionar la situación convenientemente. En el estudio de grabación intervienen individuos con personalidades muy diferentes. Al ser un trabajo con un componente creativo importante es lógico que a veces estos distintos perfiles entren en conflicto. Por tanto es fundamental que el productor musical sepa administrar el talento con tacto.

▶ **¿Tiene *feeling* con el artista?** También es necesaria que exista una conexión importante entre el productor y el artista principal. Esto también afecta paradójicamente a las grabaciones donde el productor y el artista son la misma persona. A menudo somos nosotros nuestros principales críticos, lo que nos puede hacer caer en un peligroso bucle de autoexigencia y pérdida de perspectiva.

▶ **Si decidimos autoproducirnos, ¿estamos realmente en condiciones para asumir todas las tareas necesarias?** Cuando ejercemos de productores de nuestra propia obra en un sentido artístico hemos de estar preparados para ejercer varias tareas a la vez. La principal ventaja de la autoproducción es un mayor control sobre la propia obra. La contrapartida es la carencia de una visión externa cualificada que ayude a la toma de decisiones, sumado a las complicaciones que conlleva desempeñar una doble labor de dirección e interpretación.

¿Cuáles son los ingresos de un productor musical?

Cuando trabajamos a un nivel profesional, el productor musical es contratado directamente por los productores discográficos del proyecto. Los honorarios lógicos de la grabación varían en función del caché de la persona concreta que realiza el trabajo. Además de estos ingresos, un contrato de producción musical puede conceder al productor si se estima oportuno un porcentaje sobre los beneficios de la grabación en concepto de royalties (un 3% aproximadamente).

Ingeniero de sonido

Las personas encargadas de grabar, mezclar y masterizar un proyecto son los ingenieros de sonido de una producción musical. Dependiendo del contexto profesional donde nos movamos, en ocasiones podemos hablar simplemente de técnicos de sonido. El concepto teórico de ingeniero de sonido es una herencia del sistema anglosajón. En otras palabras, a menudo hablamos de ingenieros de sonido por puro romanticismo. El hecho de que una persona esté cualificada para gestionar todo el apartado técnico de una grabación musical no le convierte automáticamente en ingeniero.

Dicho esto, en ocasiones la totalidad de estos procesos (grabación, mezcla y masterización) corren a cargo de una sola persona. Sin embargo, esto no siempre es recomendable. Siempre es interesante que la persona que mezcla una grabación, no sea la encargada de la masterización. Este último es un proceso delicado que requiere un punto de vista fresco. Y normalmente quien ha realizado una mezcla está demasiado acostumbrado a su sonido, carece de una perspectiva neutral. Lo ideal, además, es que la grabación sea masterizada por un ingeniero de sonido especializado en *mastering*.

Al igual que ocurre con productor musical, el responsable técnico del sonido también debe tener los suficientes recursos psicológicos como para lidiar con situaciones donde están involucradas distintos tipos de perfiles creativos (intérpretes, productores, arreglistas, etc.). Es muy frecuente que la figura del ingeniero de sonido coincida con el propio productor musical. En otras palabras, una gran parte de los productores musicales son también ingenieros de sonido.

¿Cuáles son los ingresos de un ingeniero de sonido?

El sueldo de un ingeniero de sonido está directamente relacionado con su trabajo durante la producción. Normalmente estos ingresos se calculan según el tiempo que le dedique al trabajo, aunque en ocasiones puntuales pueden cobrar por el desarrollo de una obra completa. Un ingeniero puede ser contratado directamente por el productor o formar parte de la plantilla del propio estudio de grabación. Frecuentemente los estudios independientes son regentados directamente por los ingenieros de sonido.

Arreglista

Seamos claros. En el ámbito de la creación musical los arreglos de una canción pueden llegar a ser determinantes. Debemos darles tanta importancia como la tiene la propia canción. A menudo una canción puede alcanzar un estatus superior de calidad artística cuando los arreglos están bien trabajados. Esto no tiene por qué significar que estos arreglos deban ser excesivamente complejos. A menudo hay pasajes dentro de un tema (y en ocasiones un tema en su conjunto) que piden a gritos un acercamiento sencillo y acústico, por ejemplo a base de guitarra y voz. En otras ocasiones queremos buscar un enfoque más épico y barroco. Ahí radica la esencia de una canción bien arreglada, en saber combinar perfectamente los distintos elementos sonoros, armónicos, tímbricos y rítmicos que configuran una pieza musical. El objetivo es ensalzar la obra en su conjunto.

El arreglista es una figura que pertenece en cierta medida a la industria tradicional. Esto ocurre porque es una función que históricamente ha corrido a cargo de personas especializadas exclusivamente en esta tarea. Hoy en día, es muy habitual que los arreglos de una grabación musical sean concebidos por el productor musical, con la colaboración de los propios intérpretes.

Músicos e intérpretes

Puede parecer una obviedad que para grabar música es indispensable que alguien ejecute una obra musical. Sin embargo, debemos poner especial énfasis en la necesidad de calidad de ejecución. A lo largo de tu experiencia en el ámbito de la grabación te darás cuenta de que es mucho más fácil grabar a un músico excelente con un equipo mediocre, que grabar a un músico mediocre con un equipo excelente. La ejecución musical no solo es fundamental si queremos lograr una grabación que emocione y transmita, sino también a la hora de conseguir captar un buen sonido.

A menudo algunas grabaciones cuentan con la participación de músicos especializados en grabaciones en estudio. Esto no es una rareza, incluso en el ámbito de la autoproducción. El hecho de que un músico esté acostumbrado a tocar en directo, no significa que tenga habilidades para exprimir al máximo las cualidades de su instrumento dentro de una estudio de grabación musical. Los músicos especializados pueden sacarnos las castañas del fuego. Gracias a su colaboración podemos grabar en menos tiempo con mejores resultados y una mayor calidad, lo que sin duda nos ahorrará dinero y quebraderos de cabeza. Evidentemente, en grabaciones con presupuestos reducidos, no siempre es posible, al igual que no siempre es posible contratar a un productor o grabar en un estudio profesional. En otros casos por fortuna no es necesario.

2

PREPRODUCCIÓN: PREPARANDO EL MATERIAL

La fase de preproducción es uno de los procesos más importantes dentro de una grabación. A pesar de que en algunas ocasiones no se tiene demasiado en cuenta, este periodo inicial es fundamental si queremos ahorrarnos serios problemas en el futuro. No es para menos. Una buena parte de las dificultades con las que nos podemos tropezar en el estudio (casero o profesional) tienen su origen en una preproducción deficiente.

Una producción musical comienza mucho antes de comenzar a grabar. Hay muchísimo trabajo que hacer, decisiones importantes que tomar y aspectos artísticos que abordar antes siquiera de pisar el estudio de grabación. No es lo mismo grabar por pistas, que en directo. Al igual que no es lo mismo grabar una maqueta que grabar un disco. Cuando tenemos un repertorio entre manos y queremos registrarlo con la mayor calidad posible, la fase de preproducción es inamovible. Es entonces cuando tenemos que centrar toda nuestra atención en una buena planificación. Para ello hemos de plantearnos dos cuestiones fundamentales: ¿Qué vamos a grabar y cómo lo vamos hacer?

QUÉ VAMOS A GRABAR

▶ Selección de repertorio.

▶ Definición de estilo musical.

▶ Definición del sonido de la producción.

▶ Definición de la finalidad de nuestra grabación.

CÓMO LO VAMOS A HACER

▶ Decisión sobre la metodología de grabación.

▶ Inventario de los recursos técnicos y económicos que vamos a necesitar.

▶ Elección del equipo humano.

▶ Preparación de los músicos implicados en la grabación.

Qué vamos a grabar

Una vez que tenemos un conjunto de canciones en las que trabajar, debemos de escoger las que mejor representarán el proyecto en su conjunto. No hay un criterio fijo para esto. La elección de un repertorio u otro responde a razones subjetivas. Pero siempre es recomendable hacer un balance en busca de cierta homogeneidad. Este primer paso definirá en buena medida el enfoque general de una grabación. Dependiendo de la relación que tengan las canciones seleccionadas entre sí, nos podemos mover entre dos extremos: trabajo conceptual o colección de temas.

Por otro lado, puede que sencillamente queramos experimentar, improvisar y aprender sin ningún límite ni restricción. No hay nada de malo en ello. La experimentación es una de las principales fuentes de inspiración en la música y en el proceso de grabación. Dar rienda suelta a nuestra imaginación siempre es buena idea si queremos encontrar ideas, resultados y conceptos que a posteriori puedan convertirse en una canción. No hay reglas escritas sobre cómo comenzar a grabar en un home studio. Pero incluso en estos casos esta es una decisión que hemos tomado previamente antes de comenzar a grabar.

¿Cuántas canciones vamos a grabar?

El número de canciones que vayamos a grabar incide directamente en el día a día del proceso de grabación. No es lo centrar todos nuestros esfuerzos en una sola canción, que ponernos a grabar diecisiete temas a la vez. Debemos optimizar nuestro tiempo y nuestros recursos según los objetivos que nos hayamos marcado. Por esta razón es recomendable saber exactamente a qué estamos dedicando nuestro tiempo. ¿A qué proyecto pertenece esto que quiero grabar? ¿Se trata de una demo casera experimental donde no existe un límite determinado de canciones? ¿Se trata de un proyecto homogéneo de seis canciones relacionadas entre sí?

Un mayor número de canciones significará una mayor inversión de tiempo y/o dinero. En el ámbito del estudio de grabación, donde normalmente habremos de alquilar la sala y contratar a un técnico, tendremos mucho menos margen si nuestro objetivo es grabar una cantidad considerable de temas. En el ámbito del home studio, si no vamos a contar con los servicios de ningún profesional externo (músicos de sesión, productor, arreglista, etc.) es principalmente una cuestión de planificación.

En este sentido, nos puede ser de gran utilidad utilizar la clasificación tradicional de la industria discográfica. Esta sigue teniendo plena vigencia en la actualidad. No solo a nivel de marketing, sino a la hora de organizar el tiempo y los recursos que vayamos a utilizar durante la grabación.

▶ Una sola canción (single).

▶ Entre cuatro y siete canciones (EP).

▶ Entre ocho y quince canciones (LP).

¿Vamos a publicar nuestra producción comercialmente?

Si hemos decidido editar de la manera más profesional posible nuestra grabación, estamos obligados a que esta cumpla los requisitos aceptables de calidad en su resultado final. Esto no ocurre cuando nuestro objetivo es realizar una grabación para nuestro consumo propio, o como una mera muestra de nuestro trabajo sin mayores pretensiones.

Esto en la práctica significa que podemos tener entre manos una producción profesional o, en cambio, simplemente una maqueta.

▶ **Producción profesional:** presenta altos grados de calidad técnica y artística.

▶ **Maqueta:** los baremos de calidad son más flexibles.

Tras la consolidación de los equipos de gama media y la difusión del home studio, los límites entre una y otra son cada vez más difusos. Si utilizamos el baremo de la calidad técnica final del producto, nos encontramos con que hay muchísimos discos editados comercialmente con un sonido *maquetero* y que, por el contrario, existen muchas supuestas maquetas que alcanzan niveles óptimos de producción. ¿Qué es lo que realmente determina si estamos ante una maqueta o ante una grabación profesional?

▶ **La ejecución musical:** Constituye el factor más importante para que una producción alcance los niveles básicos de calidad. La calidad técnica de los músicos implicados y su nivel de preparación son factores determinantes. Durante la fase de producción será muy difícil que el proyecto llegue a buen puerto si los músicos no han ensayado bien sus partes, o si no son eficaces a la hora de sacar sonido de sus instrumentos. Si queremos lograr baremos profesionales, grabar sin preparación supondrá un gasto importante de tiempo, energía y paciencia. Aun contando con los mejores equipos de grabación, lograr un resultado técnico aceptable con músicos mediocres es muy difícil. Por el contrario, cuando contamos con músicos de calidad se pueden conseguir grandes cosas con un equipo modesto.

▶ **El nivel técnico:** El nivel técnico está determinado principalmente por la calidad de los responsables de la grabación y no tanto por el precio o la gama del equipo técnico utilizado. La calidad del equipo tecnológico es importante, pero secundaria si la comparamos con la importancia de contar con un equipo humano que sepa hacer su trabajo correctamente. Un buen responsable técnico será capaz de exprimir al máximo las posibilidades de los equipos más modestos, mientras una persona sin experiencia no sacará partido a aparatos de gama alta. De igual modo, el personal técnico ha de tener los conocimientos suficientes para decidir qué salas de grabación utilizar en según qué circunstancias, qué consideraciones técnicas son imprescindibles y en qué aspectos es necesaria una mayor inversión.

▷ **Las intenciones comerciales:** Podemos haber realizado una grabación de alta calidad y, sin embargo, considerar que no alcanza los niveles suficientes para ser publicada, o que simplemente es un paso previo hacia una grabación más pulida. Aun así a veces es habitual toparnos con grabaciones bastante mediocres editadas comercialmente.

Cómo vamos a grabar

La metodología de trabajo que vayamos a utilizar dependerá en buena medida de nuestras intenciones, de nuestro presupuesto y del género musical en el que estemos trabajando. Por regla general, si nuestra grabación tiene un perfil más clásico (blues, flamenco, jazz, rock, etc.) tenderemos a buscar la mayor naturalidad posible, si en cambio trabajamos géneros más electrónicos experimentaremos más con las nuevas tecnologías. El límite está en nuestra imaginación y en los resultados que queramos obtener.

Dependiendo de la metodología empleada, podemos encarar una producción musical de alguna de las siguientes maneras.

Grabación por pistas

A grandes rasgos, una pista es el soporte donde queda registrada la información sonora de un instrumento musical o de un micrófono. Realmente toda grabación, sea del tipo que sea, queda plasmada en una o varias pistas. Si disponemos de una cantidad suficiente de pistas, podemos grabar el sonido de cada instrumento por separado para procesarlo posteriormente de forma independiente. Ni que decir tiene que desde la consolidación de la grabación digital por ordenador la capacidad de almacenamiento de pistas es abrumadora.

Pero cuando hablamos de grabación por pistas como concepto, no nos estamos refiriendo a la utilización de un mayor o menor número de pistas, pues una grabación en directo también queda registrada normalmente en varias pistas que han sido grabadas simultáneamente. El término «grabación por pistas» se refiere a la técnica de grabar cada instrumento en tiempos y tomas diferentes. Esto quiere decir que grabamos primero un instrumento, para luego ir grabando sucesivamente el resto.

Lo más lógico es empezar con la base rítmica, seguido de los elementos de acompañamiento, después los instrumentos principales y, por último, las pistas de decoración-refuerzo. A continuación reproducimos un ejemplo de una grabación estándar por pistas de un conjunto de guitarra, bajo, batería y voz:

GRABACIÓN 1 ⚫	BATERÍA
GRABACIÓN 2 ⚫	BAJO
GRABACIÓN 3 ⚫	GUITARRA RÍTMICA
GRABACIÓN 4 ⚫	GUITARRA SOLISTA
GRABACIÓN 5 ⚫	VOZ

Como veremos en capítulos posteriores, cada instrumento puede requerir de una o más pistas para su correcta grabación. Por ejemplo, en el caso de la batería es habitual grabar los distintos elementos (bombo, caja, platos, etc.) con varios micrófonos que irán a parar a pistas independientes entre sí. Todos ellos grabados y ejecutados al mismo tiempo, lógicamente. Por su parte, la voz suele grabarse son un solo micrófono y requiere de una sola pista.

Pero esta metodología de grabación, mucho más flexible que la grabación en sonido directo, tiene otras cualidades. Podemos grabar cada instrumento por partes, de forma que una pista puede estar compuesta por varias tomas con las partes que consideremos que están mejor ejecutadas. Como contrapartida, abusar de esta técnica de *collage* puede suponer una importante pérdida de naturalidad imperdonable en ciertos estilos.

Si optamos por grabar por pistas es fundamental emplear una claqueta o metrónomo durante la grabación de la base rítmica. Con esto conseguimos que todos los instrumentos suenen sincronizados al mismo tempo. De otra forma sería prácticamente imposible lograr una grabación coherente.

Por último, también es interesante utilizar pistas provisionales de referencia de los elementos más importantes antes de grabar las tomas definitivas, o pedir a los músicos que interpreten sus partes in situ para ejercer de guías (aunque no estén siendo grabados en ese momento).

¿Qué necesitamos para realizar una grabación por pistas?

En el ámbito del home studio, lo más frecuente es contar con un ordenador que tenga instalado un software secuenciador (Nuendo, Cubase, Pro Tools, etc), además de una tarjeta de sonido para convertir la señal eléctrica sonora en audio digital, con capacidad de procesar varias pistas simultáneas. En ocasiones, si la tarjeta de sonido no cuenta con preamplificación, deberemos de preamplificar el sonido de los micrófonos e instrumentos de forma externa a través de una mesa de mezclas o preamplificadores específicos. En los estudios profesionales esta suele ser la configuración más utilizada.

En capítulos posteriores abarcaremos en profundidad todos estos conceptos. En el apéndice tienes a tu disposición un listado de software, equipos, marcas y modelos ampliamente utilizados.

Grabación en sonido directo

Durante una grabación en directo todos los músicos interpretan la obra musical a la vez. Mediante esta metodología de grabación se puede lograr mucho mayor naturalidad. Esta técnica es la más recomendable para estilos como el jazz o el flamenco, donde la interactuación entre los músicos resulta fundamental.

BATERÍA
BAJO
GUITARRA RÍTMICA
GUITARRA SOLISTA
VOZ

GRABACIÓN SIMULTÁNEA ÚNICA ⬤

¿Qué necesitamos para realizar una grabación en directo?

Aunque los instrumentos estén grabados al mismo tiempo, es indispensable poder procesar cada uno de ellos en pistas independientes, sobre todo si queremos obtener resultados de calidad. Por tanto, lo más lógico es contar con la misma configuración que una grabación por pistas. La diferencia es que necesitaremos un equipo de grabación capaz de procesar y grabar una mayor cantidad de pistas al mismo tiempo.

Si por el contrario tan solo queremos grabar una maqueta, este requisito es mucho más flexible. Por ejemplo, si nuestro objetivo es registrar una sesión en el local de ensayo sin más pretensiones que saber cómo suena el grupo, no necesitaremos editar cada pista posteriormente. En estos casos podemos utilizar sencillamente una grabadora estéreo. Si queremos un término medio, también podemos optar por conectar la salida estéreo procedente de una mesa de mezclas a esta misma grabadora, o a una tarjeta de sonido.

Como vemos, el abanico es amplio y depende de los objetivos que estemos persiguiendo.

Ventajas e inconvenientes de grabar en sonido directo

La decisión de grabar en directo, por pistas o por secciones está determinada en gran medida por el sonido de nuestra grabación y el *feeling* que queramos plasmar en el disco. En algunas ocasiones el género musical pide a gritos una grabación en directo (jazz, flamenco, música clásica, rock'n'roll), en otras ocasiones ocurre todo lo contrario (techno, hip hop, pop electrónico). A veces simplemente no es posible grabar en directo por una cuestión de limitaciones técnicas, como por ejemplo carecer de una sala de grabación adecuada.

A continuaciones repasamos las principales ventajas e inconvenientes de esta metodología de grabación:

▷ **Mayor naturalidad:** Sin duda una de las grandes ventajas. Una grabación en directo capta mucho mejor la magia del momento. Cuando queremos que nuestra producción refleje una mayor expresividad es muy recomendable grabar a la vez el máximo número de secciones posible. La grabación en directo busca la humanidad de la interpretación musical, a diferencia de la grabación por pistas, donde son muy frecuentes la grabación por trozos y la búsqueda de afinaciones y ejecuciones perfectas. También es mucho más difícil conseguir una dinámica natural cuando los distintos músicos graban el tema por separado.

▷ **Necesidad de músicos de calidad y condiciones técnicas especiales:** Una grabación en directo requiere músicos de calidad. En una grabación por pistas, aunque también es un factor influyente, es más sencilla la edición posterior cuando nuestras tomas no son todo lo buenas que desearíamos. Además, si queremos conseguir resultados profesionales mediante la grabación en directo, es necesario disponer de salas y equipos optimizados. Si se cumplen estas necesidades básicas podemos lograr una grabación más rápida y económica si decidimos efectuarla en directo.

▷ **Tomas menos limpias:** La grabación por pistas tiene la ventaja de conseguir tomas más limpias, donde los instrumentos no interfieren entre sí. Sin embargo, dependiendo del carácter que queramos darle a nuestra producción, esta relativa suciedad puede estar premeditada (siempre que no llegue a excesos). En algunas ocasiones nos interesa la mayor limpieza posible, pero en otras las interferencias controladas pueden lograr un sonido más natural.

▶ **Uso relativo de la claqueta:** Desde hace décadas la grabación mediante claqueta se ha estandarizado. Durante una grabación por pistas la necesidad de un tempo controlado es vital. Sin embargo, la claqueta no siempre es necesaria cuando se graba en directo. En ciertos estilos, de hecho, su uso puede ser contraproducente. El ejemplo más claro lo tenemos en la grabación la música clásica, donde el tempo variable juega a favor de la interpretación. Otros ejemplos los tenemos en los grandes clásicos de los años cincuenta, sesenta y setenta, donde encontramos grabaciones con tempo variable según la propia expresividad de la canción.

Grabación por secciones

La grabación por secciones es una mezcla de los dos métodos anteriores. Mediante esta técnica se graban en directo diferentes secciones por separado, que actuarían como capas. Se suele empezar por la sección rítmica (batería, bajo y los instrumentos rítmicos más relevantes), para continuar con el resto de elementos. Es muy común grabar de este modo secciones de cuerda, secciones de vientos, coros, etc.

A continuación reproducimos un ejemplo de una grabación por secciones. Cabe destacar que esta no es una regla exacta y que existen múltiples posibilidades.

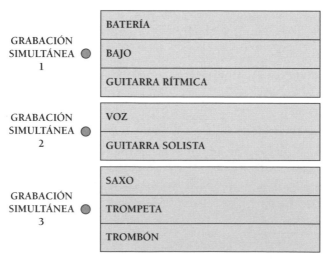

¿Qué necesitamos para realizar una grabación por secciones?

Para la realización de una grabación por secciones necesitaremos una configuración idéntica a la grabación por pistas, teniendo siempre en cuenta que vamos a necesitar procesar un buen número de pistas de audio simultáneamente.

Grabación de maquetas

La grabación de maquetas es una rutina bien asentada en el ámbito de la producción musical. A menudo utilizamos este tipo de grabaciones como un fin en sí mismo. Es decir, en una buena parte de las ocasiones, nuestro objetivo no es realizar una grabación profesional, sino simplemente plasmar nuestra música en un formato audible con fines menos ambiciosos, mientras experimentamos con el sonido a base de ensayo y error. En estos casos la factura final queda en un segundo de plano. Ni que decir tiene que una demo puede estar grabada en directo, por secciones o por pistas.

Pero a menudo la grabación de maquetas constituye un paso fundamental en la preproducción de un proyecto más ambicioso. En estas ocasiones utilizamos las maquetas como un boceto previo antes de dar el salto hacia una calidad profesional de audio:

 Grabaciones de pre-escucha, análisis y control

Independientemente de la técnica de grabación que hayamos elegido para la realización de nuestra producción musical, realizar grabaciones de control nos resultará útil a la hora de identificar errores de concepto, arreglos generales y ejecución musical. Si vamos a grabar en directo este paso es vital. Resulta del todo imprescindible poder escuchar los ensayos de la banda al completo. Si no grabamos nuestros ensayos corremos el riesgo de que algunos errores de bulto pasen desapercibidos. Luego será demasiado tarde para corregirlos. Estas grabaciones de control son un baremo para corregir a tiempo las posibles carencias. Ese es el principal objetivo. Por tanto, contamos con la ventaja de poderlas realizar con los medios que tengamos a nuestro alcance, por ejemplo una grabadora estéreo.

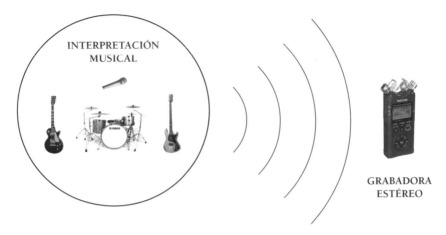

Micrófono Rode S1, guitarra Gibson Les Paul, batería Yamaha, bajo Gibson, grabadora portátil Tascam.

Grabación profesional maquetada

Si vamos a grabar los instrumentos uno a uno es aconsejable maquetar nuestro trabajo mediante pistas provisionales. Se trata de una grabación por pistas donde cada uno de los instrumentos serán sustituidos en el resultado final por las tomas definitivas. Las pistas provisionales nos servirán de referencia. Este proceso de maquetación es idóneo para ir experimentando con diferentes opciones a nivel de arreglos. Nos permite probar cosas nuevas sin la presión añadida de estar ante una grabación definitiva. Teniendo el boceto, ahorraremos tiempo y dinero a la hora de realizar las tomas finales. No obstante, muchos productores prefieren decidir en el estudio y son contrarios a condicionar la grabación de un disco con la maquetación previa. En todo caso es recomendable que las canciones estén muy bien ensayadas antes de comenzar con la grabación.

3

CUESTIONES TÉCNICAS FUNDAMENTALES

Llegados a este punto hemos de tener muy claro cuáles van a ser las características principales de nuestra grabación, cuántos temas vamos a grabar, cómo lo vamos a hacer, dónde, con qué equipo humano y con qué materiales. Una vez hayamos tomado las decisiones básicas de pre-producción llega el momento de entrar en materia.

La cadena de grabación

¿Qué camino recorre el sonido desde la interpretación del músico hasta que queda registrado en un sistema de almacenamiento? Esta es una cuestión fundamental a la hora de encarar cualquier tipo de grabación. La gran mayoría de los procesos de grabación cumplen un sistema básico. En primer lugar la interpretación musical es captada en una sala de grabación, normalmente a través de uno o varios micrófonos. A continuación el sonido es preamplificado y procesado para acabar registrado en un sistema de almacenamiento.

Aunque los procesos de grabación han ido evolucionando a lo largo de la historia, esta cadena se mantiene intacta, desde una grabación realizada con un teléfono móvil hasta los sistemas más complejos. Quizá la principal excepción son aquellas grabaciones realizadas mediante tecnología MIDI e instrumentos virtuales (apartados en los que profundizaremos en el capítulo 5). En definitiva, este es un esquema básico que debemos tener siempre en mente.

En la práctica, la cosa se complica un poco más. A continuación reproducimos una configuración estándar del proceso de captación de sonido, preamplificación y registro sonoro.

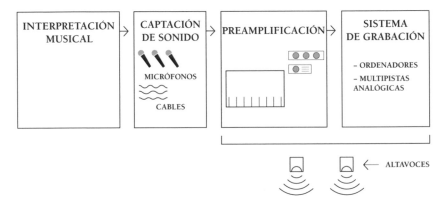

> Desde una sala de grabación (una habitación, un estudio acondicionado) uno o varios músicos interpretan una pieza musical.

> Esta interpretación musical produce una señal acústica (el sonido) que es captada por un sistema de microfonía. Los micrófonos convierten la señal acústica en una señal eléctrica sonora.

> Esta señal eléctrica es preamplificada para poder ser procesada.

> La información sonora es registrada en un sistema de almacenamiento.

> Para escuchar el sonido procesado es necesario disponer de un sistema de altavoces (por ejemplo unos monitores de estudio o unos auriculares).

Como habrás intuido, a lo largo de todo este proceso entran en juego diversos complementos tecnológicos: amplificadores, compresores, ecualizadores y efectos de sonido, etc. Por esta razón, antes de enfrentarnos cualquier tipo de grabación sonora y musical de forma seria, tenemos que tener claros algunos conceptos y saber cuáles son las características básicas de las principales herramientas que vamos a utilizar. Estas nociones básicas resultarán de vital importancia a la hora de manejarse con soltura en el día a día de una grabación.

A continuación hacemos un repaso de manera sencilla a las cuestiones técnicas fundamentales que debemos conocer antes de ponernos a grabar. Cada una de ellas tiene su utilidad práctica. Son conceptos elementales que utilizarás en el día a día de la producción musical.

▶ ¿Cuáles son las características básicas del sonido?

▶ ¿Cuál es la función principal de un micrófono? ¿Cómo funcionan? ¿Qué tipos de micrófonos hay?

▶ ¿Cómo funciona la amplificación del sonido? ¿Qué es la preamplificación? ¿Por qué es fundamental?

▶ ¿Para qué sirve ecualizar? ¿Cuándo se utiliza la ecualización?

▶ ¿Qué altavoces son los más convenientes para trabajar en una grabación musical?

▶ ¿Qué es la compresión de sonido? ¿Por qué es tan importante?

▶ ¿Qué distintos tipos de efectos de sonido hay? ¿Cuándo debemos utilizarlos?

Características básicas del sonido

No es estrictamente necesario ser un experto en la física del sonido para encarar una grabación, pero hay ciertos conceptos que debemos manejar con soltura. Las frecuencias, la amplitud y los armónicos, entre otros elementos del sonido, son realidades con las que nos enfrentaremos día a día en una producción y que deberemos conocer para saber qué estamos haciendo.

Ante todo debemos tener claro que el sonido es un fenómeno físico existente en el entorno natural. Las ondas sonoras se propagan por el medio y pueden ser percibidas a través de nuestro sentido del oído. Desde que a finales del siglo XIX disponemos de la tecnología suficientemente para, en cierto modo, captar estas vibraciones y registrarlas en un soporte para su posterior reproducción.

El fenómeno físico del sonido tiene tres cualidades fundamentales: intensidad, tono y timbre.

Intensidad

Cuando coloquialmente decimos que el volumen de una fuente sonora (por ejemplo un equipo de música) se escucha demasiado fuerte o demasiado bajo, nos estamos refiriendo a la intensidad o la amplitud de una onda sonora. Para medir este fenómeno utilizamos los decibelios (db). Cuantos más decibelios tiene una onda sonora, con más intensidad la escucharemos.

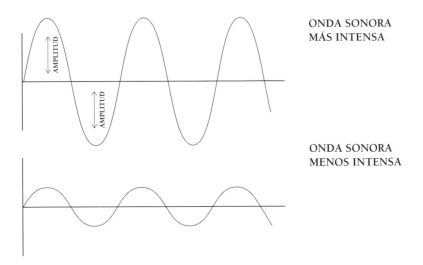

ONDA SONORA
MÁS INTENSA

ONDA SONORA
MENOS INTENSA

Tono

La voz de un niño y la voz de un varón adulto tienen tonalidades distintas. Lo mismo ocurre con un violín y un contrabajo. ¿Por qué una fuente sonora nos suena más bien aguda mientras la segunda nos suena más bien grave? La explicación es porque ambos sonidos tienen distinta longitud de onda, lo que quiere decir que el sonido del violín registra más vibraciones por segundo que el contrabajo. Las oscilaciones de los sonidos agudos son más cortas, por tanto, la voz aguda de un niño tiene menor voz *longitud de onda* que la voz grave de un adulto.

Para medir este fenómeno utilizamos el número de frecuencia por segundo, el herzio (hz). Cuantos más herzios por segundo, más agudo es el sonido. Una frecuencia de 20 herzios equivale a 20 vibraciones por segundo.

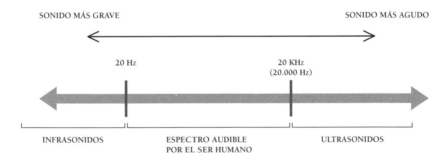

▶ **Frecuencia:** el número de vibraciones de una onda sonora.

▶ **Herzios (Hz):** el número de frecuencia por segundo.

Si tomamos como ejemplo la escala central de un piano, la nota La de dicha escala vibra 440 veces por segundo, es decir, a una frecuencia de 440 herzios (440Hz). Al menos en su forma más pura libre de armónicos (pues como veremos en el siguiente apartado, las notas tienen frecuencias armónicas añadidas que configuran la sonoridad particular de cada instrumento musical).

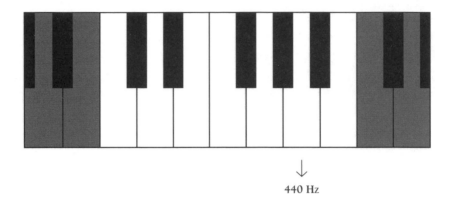

440 Hz

Esta clasificación, lejos de ser arbitraria, obedece a fenómenos físicos concretos. El sonido de un violín vibra más rápido, desprende una onda sonora más corta y es más agudo. La voz de un barítono, por el contrario, tiene un sonido más grave. Por tanto vibra a un menor número de oscilaciones por segundo. Es una medida empírica que nos sirve para entender que las ondas sonoras de un sonido agudo vibran más veces, por tanto, tienen un mayor número de frecuencia.

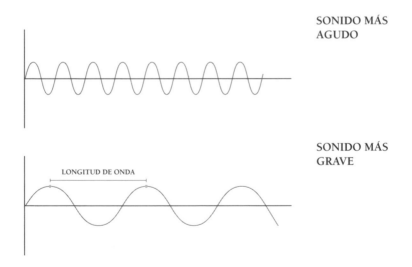

SONIDO MÁS
AGUDO

SONIDO MÁS
GRAVE

LONGITUD DE ONDA

Es importante recalcar que el oído humano es limitado. A diferencia de otras especies, el ser humano no es capaz de percibir frecuencias graves por debajo de los 20hz (infrasonidos), ni agudas por encima de los 20KHz (ultrasonidos). Además nuestra percepción sonora está distorsionada respecto a cómo se produce el fenómeno físico del sonido en la realidad. Percibimos con claridad buena parte del rango de frecuencias agudas, mientras tenemos más problemas para ser conscientes de los sonidos graves.

Timbre

El sonido de cada fuente sonora (y por tanto de cada instrumento musical) tiene sus características propias. El timbre es aquello que nos hace distinguir una fuente sonora de otra y un instrumento musical de otro. Si tocamos la nota La con un violín sonará distinta a si la tocamos con un piano aunque empleemos la misma intensidad. El sonido de un violín siempre sonará a violín y el sonido de un piano siempre sonará a piano.

¿Por qué cada instrumento tiene su propio timbre? La respuesta es que, aunque el La central de un piano vibre a una frecuencia de 440Hz, en el medio natural una frecuencia nunca aparece de forma aislada. Una fuente sonora siempre contiene varias frecuencias añadidas que son las que finalmente determinan las características propias de su sonido. Cuando escuchamos un instrumento musical, lo que en realidad estamos escuchando es un conjunto de frecuencias independientes sonando de forma simultánea. Este conjunto de frecuencias es lo que determina el timbre. Así es cómo sabemos si se trata del sonido de un violín, un piano, un triángulo, un animal o una persona.

En el caso de los instrumentos musicales temperados (un violín, un piano, una guitarra, una flauta) las frecuencias añadidas más importantes aparecen de forma armónica, ordenada y matemática. Cuando estas frecuencias se presentan desordenadas y sin relación armónica surge la sensación de ruido. Por eso la mayoría de los instrumentos de percusión contienen un mayor contienen un mayor número de frecuencias no armónicas, caóticas y desordenadas.

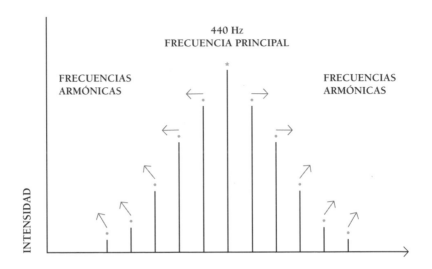

Microfonía

Un micrófono capta las vibraciones del sonido del entorno y las convierte en una señal de audio que podemos procesar. Dicho de un modo más técnico, los micrófonos son transductores que transforman una señal acústica en señal mecánica, y esta señal mecánica en señal eléctrica.

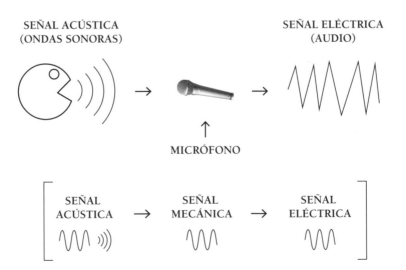

Podemos encontrarnos con distintos tipos de micrófonos con características muy variadas. Cada uno de ellos nos servirá en distintos casos. El sonido de un piano es muy distinto al del bombo de una batería, al igual que ocurre con la voz de un cantante y el sonido de un bajo eléctrico. Utilizaremos un micrófono u otro según las características de la fuente sonora que queramos grabar (y de los resultados que queramos obtener).

A continuación repasamos las principales características a tener en cuenta a la hora de elegir un micrófono u otro.

> **Sensibilidad:** Es la relación entre presión sonora y presión eléctrica. En la práctica lo que has de saber es que los micrófonos más sensibles recogen las vibraciones con mayor precisión y definición. Por tanto, para grabar instrumentos acústicos más sutiles (como pueden ser un piano o un violín) necesitarás que el micrófono tenga una buena sensibilidad.

> **Respuesta en frecuencia:** Dependiendo del micrófono podemos recoger algunas zonas del rango de frecuencias y discriminar otras. Algunos micrófonos recogen mejor las frecuencias más graves, mientras que otros tienen una mayor precisión en las zonas altas del espectro. Por eso algunos micrófonos son más indicados para violines y otros son más indicados para contrabajos.

> **Presión sonora:** Está relacionado con nivel de presión sonora que puede aguantar un micrófono sin saturar la señal. Por ejemplo, no todos los micrófonos pueden captar el sonido intenso de un amplificador de guitarra o de una batería sin llegar a la distorsión. Este parámetro habrá que tenerlo muy en cuenta dependiendo de la intensidad del sonido de cada instrumento.

> **Direccionalidad:** Está relacionado con el ángulo de captación sonora. Algunos micrófonos abarcan un ángulo mayor, por tanto pueden recoger vibraciones de la sala. Otros tienen un ángulo más puntual.

Tipos de micrófono según su construcción

La construcción del propio micrófono es uno de los elementos más influyen en cómo va a sonar, cuánta sensibilidad tendrá y cuánta presión sonora. Si tenemos en cuenta este factor, podemos clasificar los diversos tipos de micrófono en tres categorías principales:

> **Micrófonos dinámicos:** Son los más utilizados en el día a día del músico, tanto en directo como en los estudios de grabación. Son micrófonos muy robustos, resistentes y poco sensibles a su manejo. Los hay de diversos tipos y de muy variadas aplicaciones. Dependiendo del modelo, su respuesta en frecuencia está entre los 40Hz y los 17KHz aproximadamente. Aguantan una presión sonora muy alta. Normalmente son muy utilizados para grabar bajos, amplificadores, cajas, timbales, bombos, pero también voces y otro tipo de instrumentos.

Micrófono Rode S1

> **Micrófonos de condensador:** Su construcción es más sencilla, pero más costosa. Son micrófonos mucho más sensibles a las frecuencias más altas y su respuesta es más plana, es decir, más fiel al sonido original. Son muy utilizados para grabar instrumentos acústicos, voces, reverberaciones, acústica de sala, platos de batería, entre muchas otras funciones. Necesitan electricidad para funcionar. Esta electricidad, por regla general, llega a través de la masa del cable XLR utilizado para conectarlo mediante alimentación *phantom*. No aguantan tanta presión sonora como los micrófonos dinámicos, por lo que no siempre son re-

comendables para captar fuentes sonoras de gran intensidad. Tienen una respuesta en frecuencia de entre 20Hz y 18KHz según el caso. Suelen ser más sensibles a su maneo y más caros.

Micrófono Rode NT2-A

▶ **Micrófonos de cinta:** Este tipo de micrófono era muy utilizado en las producciones de los años cincuenta y sesenta. Son micrófonos mucho más sensibles a su manejo. Se pueden romper fácilmente. En cuanto a su respuesta en frecuencia, abarca un rango entre 30Hz y 18KHz aproximadamente. Actualmente se siguen utilizando para proporcionar cierto carácter añejo al sonido, además de proporcionar un carácter especial a la grabación de instrumentos metálicos de viento.

Tipos de micrófono según su direccionalidad

Otra clasificación importante a la hora de elegir un micrófono u otro es la direccionalidad. Dependiendo del caso, nos interesará elegir un micrófono con un ángulo de captación más abierto capaz de recoger el sonido de toda una sala, o quizá uno que grabe con precisión un punto específico y discrimine otras fuentes sonoras más próximas.

▶ **Cadioides:** Recogen el sonido de frente mientras discriminan las fuentes sonoras de la parte trasera del micrófono. Existen algunas variaciones como los micrófonos hipercardioide y supercardioide, con ángulos más cerrados.

- **Omnidirecccionales:** Recogen vibraciones provenientes de todos los ángulos. Aunque no son tan utilizados, son especialmente útiles para grabar sonidos de ambiente y público.

- **Bidireccionales:** Recogen sonido desde la parte frontal y trasera del micrófono. Son bastante utilizados si, por ejemplo, queremos captar dos voces al mismo tiempo.

 ## ¿Qué micrófono escoger según el caso?

Aunque el rango de frecuencias de una fuente sonora y su presión sonora son elementos muy importantes a la hora de elegir un micrófono u otro, lo cierto es que en el mundo de la grabación musical no hay reglas inamovibles, solo recomendaciones. Si utilizamos dos micrófonos distintos para captar un mismo instrumento musical, obtendremos dos tomas con distintas características (más o menos brillante, más o menos presencia, más o menos cuerpo, etc). Todo depende de nuestros objetivos y de gustos particulares.

Dicho esto, evidentemente hay algunas consideraciones básicas estándar. Por ejemplo, lo lógico es que nunca se utilice un micrófono que discrimine las frecuencias medias-agudas para captar el sonido de un violín. Estos micrófonos los utilizaremos para grabar instrumentos graves (bombos, bajos o contrabajos).

Profundizaremos en el tema en el capítulo 6, dedicado a la captación del sonido. En el apéndice podrás encontrar una tabla detallada con los modelos específicos más habituales para cada caso.

 ## Conexiones

Siempre que sea posible los micrófonos han de ser conectados en una entrada balanceada XLR y no en una entrada regular de línea. Cuando conectamos un micrófono a una entrada de línea nos vemos obligados a subir en exceso la ganancia para hacer que suene. Estaremos por tanto elevando el nivel de ruido, lo que no es recomendable.

Amplificación y preamplificación

La amplificación sirve para aumentar la intensidad de una señal de audio. De otra forma sería imposible procesar, trabajar o simplemente escuchar la señal sonora proveniente de un micrófono o un instrumento musical. Por tanto, cumple un papel esencial en cualquier grabación. ¿Para qué es necesaria?

> Para poder procesar y trabajar con una señal de audio.

> Para poder registrarla en un soporte de grabación.

> Para poder escuchar lo que estamos grabando.

En el campo de la grabación musical podemos diferenciar entre dos niveles distintos de amplificación:

Preamplificación

Los preamplificadores sirven para amplificar una señal a un nivel suficiente para poder ser procesada y registrada. La señal eléctrica procedente de un micrófono o de un instrumento como la guitarra eléctrica y el bajo eléctrico es demasiado débil para poder trabajar con ella y registrarla en un soporte de grabación (multipistas analógicos, discos duros, cd, cassetes, vinilos, etc).

Ahí es donde entra en juego la preamplificación, que no es más que una pequeña amplificación previa, más débil pero fundamental en cualquier proceso de grabación. Por ello son muchos los equipos de un estudio que llevan sistemas de preamplificación incorporado: mesas de mezcla, teclados, pianos eléctricos, preamplificadores externos, etc.

▷ Amplificación

Los amplificadores sirven para amplificar una señal para poder escucharla a través de unos altavoces. En el campo de la grabación musical podemos encontrarnos con tres tipos de amplificadores: amplificadores de instrumento, etapas de potencia y amplificadores integrados.

▷ **Amplificadores de instrumento:** Amplifican la señal eléctrica que procedente de un instrumento con salida de línea. Esta señal se envía a un altavoz integrado (en el caso de los combos de guitarra) o externo. Normalmente, a su vez, el sonido de un amplificador de instrumento puede ser captado través de un micrófono y, excepcionalmente, a través de la salida preamplificada del propio aparato.

▷ **Etapas de potencia y amplificadores integrados:** Se utilizan para poder escuchar aquello que estamos grabando a través de unos altavoces. En ambos casos se amplifica una señal ya preamplificada. Los amplificadores integrados los podemos encontrar en el circuito de los altavoces activos, que son aquellos capaces de reproducir una señal de audio sin necesidad de amplificación externa.

Ecualización

La ecualización nos sirve para cambiar las características tímbricas de un sonido. Como cualquier fuente sonora, los instrumentos musicales producen sonidos dentro de un rango de frecuencias determinado en el espectro sonoro. Los ecualizadores afectan a las frecuencias (herzios) y su intensidad (decibelios).

Gracias a esto podemos alterar la intensidad de ciertas frecuencias para lograr que, por ejemplo, una voz suene más brillante o que una guitarra suene más grave. En definitiva, utilizamos la ecualización para moldear el sonido. Además, también nos sirve para eliminar o atenuar sonidos molestos que pueden ensuciar una toma (ruidos, zumbidos, siseos, etc).

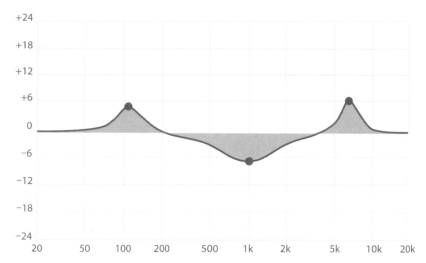

Ecualización con aumento en graves, recorte ancho en las frecuencias medias y medias-altas, y aumento en las frecuencias altas.

¿Cuándo usamos la ecualización?

Aunque la ecualización cumple un papel fundamental en el proceso de mezcla, puede ser habitual hacer uso de ella durante la propia grabación. Podemos aplicar un sistema de ecualización, dependiendo del caso, antes de grabar la toma o una vez grabada.

Ecualización previa (antes de la grabación de la toma):

En este caso la ecualización afecta a la propia grabación. Es decir la toma se grabaría ya ecualizada. Esto ocurre, por ejemplo, a la hora de grabar un amplificador de guitarra. Lógicamente, es normal es aplicar algún tipo de ecualización en el propio amplificador antes de ponernos a grabar.

Pero también nos podemos encontrar con casos más complejos. En una grabación de estudio es muy probable que el ingeniero de sonido realice alguna ecualización leve desde la mesa de mezclas para obtener una toma lo más limpia y fidedigna posible. Esta ecualización siempre será suave porque, literalmente, cuando aplicamos ecualización previa no hay marcha atrás. La ecualización previa desde la mesa de mezclas solo es recomendable en estudios de grabación profesionales, ya que no podemos ecualizar de forma óptima si no contamos con una habitación separada acústicamente de la fuente sonora (la sala de control). De lo contrario estaríamos ecualizando a ciegas. Por eso, en el caso de las grabaciones de home studio, lo aconsejable es dejar los ecualizadores planos (inactivos) y ecualizar siempre a posteriori.

Otro factor a tener en cuenta es la naturalidad. Normalmente cuando ecualizamos una toma buscamos que el sonido sea lo más parecido posible a la realidad. Curiosamente una de las técnicas más utilizadas para lograrlo no está tanto en la utilización de ecualizadores, sino en la selección y el posicionamiento de la propia microfonía. Como veremos en el capítulo 6, el carácter de una toma depende de las características del micrófono con el que se ha captado y del lugar donde se coloque.

Ecualización a posteriori (después de la grabación de la toma):

En este caso la ecualización se realiza sobre una toma ya grabada. Aunque será durante el proceso de mezcla donde más uso haremos de la ecualización, durante una grabación es aconsejable ecualizar *a posteriori* para poder escuchar correctamente el sonido y tener una referencia equilibrada lo más parecida a como va a quedar finalmente. Si por ejemplo estamos grabando una toma de bajo, el bajista necesitará escuchar una referencia nítida de la base rítmica. En este caso la ecualización siempre es provisional; no afecta al resultado final de una grabación. En el ámbito del home studio esto es muy sencillo de lograr gracias a los programas de secuenciación tipo Cubase, Nuendo, o Pro Tools.

¿Qué tipos de ecualizadores nos podemos encontrar?

Nos podemos encontrar gran multitud de ecualizadores según los distintos parámetros que utilicen para modificar una señal. Generalmente podemos clasificarlos en las siguientes categorías:

Filtros

Se trata de un sistema de ecualización básico. Un filtro recorta radicalmente las frecuencias desde un punto determinado. Los más comunes son los *filtros pasa alto* y *filtros pasa bajos*. Un filtro pasa bajos recorta todos los sonidos por encima de la frecuencia que indiquemos (es decir, corta los agudos y deja pasar los graves). Un filtro pasa altos dejaría pasar todas las frecuencias agudas recortando los graves. Esto nos sirve para eliminar zumbidos molestos o frecuencias que no necesitamos. Por ejemplo, es muy habitual aplicar un filtro pasa alto en una pista de voz, para eliminar frecuencias extremadamente graves que enturbiarían el conjunto.

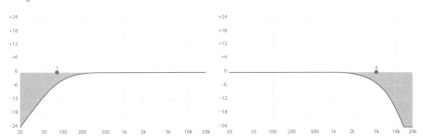

Comportamiento en el espectro de frecuencias de un filtro pasa alto (high cut) y de un filtro pasa bajo (low cut).

Ecualizadores de dos, tres o cuatro bandas (correctores de tonalidad)

Estos ecualizadores cuentan con varios potenciómetros que sirven para aumentar o disminuir la intensidad de la totalidad de las frecuencias dentro de un rango determinado (por ejemplo graves, medios y agudos). A este grupo de frecuencias los llamamos banda. Son comunes en mesas de mezcla pequeñas, amplificadores de guitarra y equipos de hi fi.

Ecualizadores gráficos

Su funcionamiento es similar al anterior, pero tienen un mayor número de bandas, por tanto abarcan el espectro de frecuencias con mayor precisión. Los hay de 11, 16, 32 incluso de 78 bandas.

Ecualizador gráfico de 20 bandas (software Adobe Audition)

Ecualizadores paramétricos

El ecualizador paramétrico es aquel que permite controlar individualmente la intensidad y la frecuencia de cada una de sus bandas. Además, podemos controlar el espectro de frecuencias que entran en cada banda (ancho de banda) con el parámetro Q, que estrechan o amplían el margen.

Esta ecualización es muy versátil y precisa. Además es la más común en el entorno digital. Al igual que ocurre con los ecualizadores gráficos, la cantidad de bandas de un ecualizador paramétrico suele ser muy variable.

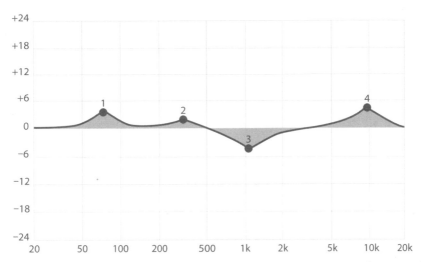

Compresor paramétrico digital de 4 bandas, donde podemos manejar gráficamente el espectro de frecuencias.

Ecualizadores semiparamétricos

En los ecualizadores semiparamétricos solo podemos controlar individualmente la frecuencia y la intensidad, ya que el ancho de banda está predeterminado.

Altavoces

Los altavoces son indispensables para poder escuchar aquello que estamos grabando. Actúan de forma inversa a los micrófonos: transforman una señal eléctrica en una señal mecánica, y esta señal mecánica en una señal acústica audible.

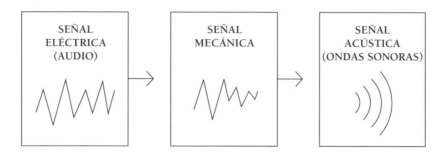

Sin embargo, a diferencia de lo que ocurre con la microfonía, los conos de los altavoces no pueden cubrir gamas de frecuencias muy amplias, por tanto utilizan varios conos para abarcar todo el espectro y reproducir los distintos rangos: agudos, medios y graves. Los distintos conos utilizados, que cambian según el diseño y la finalidad de cada monitor, reciben el nombre de *subwoofer, woofer, midrange y tweeter.*

Monitores de respuesta plana, ¿qué son y para qué se utilizan?

Se trata de un accesorio imprescindible en el ámbito de la grabación musical. Si queremos evaluar una grabación, debemos utilizar unos altavoces de alta definición que reproduzcan el sonido de la forma más fiel posible. Para ello utilizamos monitores de respuesta plana, llamados así porque reproducen la mayor parte del espectro de frecuencias sin *colorear* la señal, es decir, evitando no deformar el espectro de frecuencias.

Los altavoces de ordenador, los auriculares y los altavoces de los equipos *hi-fi* tienden a deformar el sonido añadiendo graves y agudos no existentes en la señal original. Esto provoca dos cosas:

▶ Su sonido es más atractivo a los oídos

▶ Su sonido es más irreal, por lo que es imposible tener una referencia fidedigna. Unos monitores de campo cercano proporcionan un sonido preciso y claro de aquello que estamos grabando.

Para evitar esto necesitamos utilizar monitores de respuesta plana. Este tipo de altavoces son especialmente esenciales durante el proceso de mezcla. Durante el proceso de grabación los monitores de respuesta plana serán imprescindibles siempre y cuando queramos escuchar de forma fidedigna lo que estamos grabando. Por ejemplo, si queremos ecualizar o alterar una toma durante la propia grabación. Aunque como veremos más adelante, en el ámbito del home studio, esto último solo es recomendable efectuarlo a posteriori.

Monitor Adam F7

 ## *Altavoces pasivos y altavoces activos*

Los altavoces de estudio pueden ser activos o pasivos dependiendo del modelo. Un altavoz puede ser activo o pasivo dependiendo de si necesita un amplificador para funcionar o no.

> ▶ Los monitores pasivos solo son capaces de reproducir una señal ya amplificada y es muy frecuente encontrarlos en los equipos de alta fidelidad.

> ▶ Los altavoces activos llevan un amplificador integrado y pueden ser conectados directamente a la salida de una tarjeta de sonido.

Compresión de sonido

La compresión es hoy por hoy esencial en cualquier producción de música grabada. Su función es equilibrar la dinámica de una señal de audio. ¿Qué significa esto? Que haciendo uso de ella podemos atenuar las partes más intensas de la señal (los picos) e incluso incrementar la ganancia de las partes más débiles. Un ejemplo clásico de su efectividad está en aquellas tomas de voz en las que el cantante varía la intensidad de su interpretación, con partes más fuertes y partes más débiles. Gracias a la compresión se puede conseguir que esta toma suene estable en una canción.

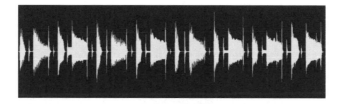

Señal de audio no comprimida

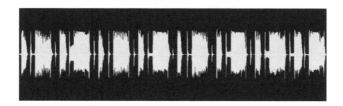

Señal de audio comprimida

Los primeros compresores se empleaban para recortar los picos de tensión y proteger los equipos de telecomunicaciones, y para hacer inteligibles las comunicaciones telefónicas. Antes de la introducción de los compresores en la producción musical, las tomas se equilibraban de forma manual por los ingenieros de sonido. Por aquel entonces se solía subir o bajar el volumen de cada canal en el acto dependiendo de la interpretación del músico.

La primera aplicación musical de los compresores tuvo también el objetivo de proteger las placas madres de los equipos de reproducción y solo se aplicaba durante la masterización. Más tarde los productores e ingenieros de sonido se dieron cuenta de que podía aplicarse con fines comerciales. Las canciones en las que se empleaba compresión sonaban con mayor percepción de volumen en las emisiones radiofónicas. Después vino la aplicación creativa y artística. A partir de finales de los cincuenta fue introducido de forma progresiva en los estudios de grabación.

 ¿Cuándo se utiliza la compresión?

Como veremos en siguientes apartados, es mucho más habitual el uso de la compresión durante el proceso postproducción que durante la grabación propiamente dicha. La razón es sencilla: siempre es recomendable conservar una toma intacta libre de efectos, ecualización y compresión para guardarse las espaldas. No obstante, en algunos casos puntuales el ingeniero de sonido puede aplicar algún tipo de compresión estándar antes de grabar la toma, pero esto no es nada recomendable en las grabaciones de home studio, ya que no contamos con una sala de control independiente aislada acústicamente de la sala de grabación.

También es habitual grabar señales previamente comprimidas cuando afectan a la ejecución del músico porque forma parte de su sonido (como es el caso de los bajistas y de algunos guitarristas). En estos casos procuraremos siempre grabar la señal limpia aparte con la ayuda de una caja de inyección o un duplicador de señal.

Efectos de sonido

Durante una producción musical es normal utilizar multitud de efectos de sonidos con el fin de modificar las características de una señal, añadir nuevas perspectivas, conseguir diversos ambientes, sugerir sensaciones en el oyente y, en definitiva, enriquecer artísticamente nuestras grabaciones.

Algunos de los efectos más usados, como la *reverb*eración, están presentes en el medio real. Otros como el vibrato o el tremolo son evoluciones de efectos utilizados ampliamente en la propia ejecución musical. Además, existen efectos de sonido que funcionan como exageraciones de la realidad, como es el caso del *delay*. Por último, algunos efectos como la distorsión, el *chorus* o el *flanger*, tienen su origen directo en la alteración artificial de las señales eléctricas. Lo que es indudable es que la utilización de diferentes efectos de sonido puede llevar una misma canción a terrenos bien distintos.

La reverberación

La reverberación es un fenómeno que está ya presente en el entorno natural. Podemos comprobarlo cuando vamos andando por un túnel o un pasillo. Sin ir más lejos, todos los sonidos que escuchamos tienen reverberación, pues las vibraciones emitidas por cualquier fuente sonora están alteradas por la acústica de nuestro entorno. Añadidas a la fuente sonora original, percibimos una cantidad considerable de ondas reflejadas por el espacio donde nos encontremos. Por tanto, es muy difícil encontrar un sonido puro en la realidad.

La reverberación es el efecto más utilizado en las producciones musicales. Es muy común emplearla como un elemento embellecedor de los instrumentos y también para maquillar algunas interpretaciones deficientes. Pero su principal función es otra: añadir profundidad, ordenar los diferentes elementos de una pieza musical en diferentes planos y conseguir una sensación de tridimensional en la mezcla final. Esto ocurre también en el campo de la producción audiovisual. La aplicación de una *reverb* u otra puede sugerir sutilmente un espacio más grande o más pequeño.

Este fenómeno acústico viene utilizándose a conciencia desde tiempos inmemoriales. En las orquestas sinfónicas se tienen muy en cuenta las reflexiones del sonido en el recinto para posicionar a los músicos y proporcionar profundidad a la percepción de la audiencia. Las salas de *reverb* (recintos especiales utilizados para grabar las reverberaciones naturales) fueron empleadas en las producciones musicales a partir de los años treinta. Unos años más tarde aparecerían la *reverb* mecánica, la *reverb* de placa y la *reverb* de muelles. La *reverb* digital llegó con la llegada de los procesadores de efectos.

Hoy en día tenemos a nuestro alcance infinidad de opciones digitales para usar la reverberación de la forma más creativa y creíble posible. Aun así, sigue siendo frecuente la experimentación con *reverbs* naturales, procedentes del entorno donde se realice la grabación propiamente dicha.

La distorsión

La saturación es un efecto producido por el desnivel entre la señal de entrada y de salida de un equipo. La distorsión no solo altera y genera nuevos armónicos, sino que además comprime la señal. Este efecto de sonido ha evolucionado mucho desde los años sesenta hasta la actualidad. Hoy en día podemos encontrar con una gran paleta de diferentes distorsiones con distintas cualidades sonoras: *overdrive*, *scream*, *drive*, *crunch*, etc.

En una producción musical podemos hacer uso de la distorsión en distintos instrumentos. De hecho, a veces se suele añadir saturación desde los propios preamplificadores y ecualizadores para proporcionar un carácter distinto a las diferentes tomas de bajo, voz y otros.

Sin embargo, la utilización más frecuente de la distorsión está en las guitarras eléctricas. El empleo de la distorsión normalmente condiciona mucho la ejecución y el tacto del propio guitarrista. Cada músico está acostumbrado al sonido de su amplificador. Por esta razón, en la práctica, es muy habitual grabar las tomas de guitarras ya distorsionadas previamente. Sin embargo es importante que nos guardemos las espaldas y grabemos la señal de línea aparte de la misma toma con un duplicador de señal o una caja de inyección.

Guitarra Gibson Les Paul y micrófono Rode S1.

Otros efectos

▶ **Delay:** Se utiliza para añadir una sensación de eco o de retardo respecto a la señal original. Es muy común escuchar este efecto como eco simple, o como eco múltiple. Cuando el *delay* es múltiple puede funcionar como un elemento rítmico dentro de la pieza musical (y de hecho es preferible que así sea para evitar la sensación de caos en el conjunto final).

▶ **Chorus:** Es un efecto muy característico de algunas producciones de los años ochenta que proporciona un sonido envolvente y cálido. Cuando una sección de violines interpreta el pasaje de una sinfonía se produce una sensación de profundidad y de peso. Esta sensación está causada por las pequeñas diferencias de afinación y los retardos de cada instrumentista. Son imperceptibles para el oído pero al juntarse producen una sensación de grandeza. El efecto *chorus* intenta imitar este fenómeno tan frecuente en orquestas y coros dividiendo la señal en tres señales diferentes, y aplicando pequeños retrasos y pequeñas desafinaciones en las frecuencias.

▶ **Flanger:** Produce diferentes sonidos que podríamos describir como una sensación robótica, de avión. Para obtener este efecto se mezcla con variaciones de frecuencia y los cambios de fase.

▶ **Wah Wah:** Es un efecto popularizado por Louis Armstrong que acentúa unas frecuencias más con respecto a otras, consiguiendo una expresividad a través de una especie de graznido. Originalmente el célebre músico de jazz conseguía empleando la sordina de la trompeta. Actualmente, además, se puede aplicar a otros instrumentos mediante un pedal o con un modulador automático.

▶ **Vibrato:** El efecto vibrato ha sido siempre muy utilizado por cantantes, guitarristas, violinistas y otros instrumentistas de forma completamente natural. El vibrato artificial se consigue con variaciones periódicas de las frecuencias de una señal.

▶ **Trémolo:** Al igual que el vibrato, el trémolo también es muy utilizado en la ejecución musical natural. El trémolo artificial se consigue con variaciones periódicas de la intensidad de una señal.

¿Cuándo se utilizan los efectos de sonido?

Al igual que ocurre con la ecualización y la compresión, en la mayoría de las ocasiones los efectos de sonido se aplican de forma posterior en el proceso de mezcla. Solo tiene sentido grabar tomas ya procesadas en casos muy puntuales donde la presencia del efecto sea esencial para la expresividad del músico durante la ejecución de una toma. Por supuesto, cuando el efecto forma parte fundamental del carácter de la fuente sonora, como es el caso de las distorsiones de guitarra, las tomas se graban en todo su esplendor. Esto también ocurre con las *reverb*s naturales, que se han de grabar in situ.

¿Cómo grabar una señal limpia mientras el músico escucha la señal procesada?

Desde el punto de la interpretación, el músico debe de oírse con los efectos a los que esté acostumbrado para llegar al máximo nivel durante la ejecución musical. Esto también ocurre con otros efectos como con la compresión, necesaria en ciertos casos para que un cantante pueda escuchar su voz en todo su potencial. ¿Cómo podemos grabar una toma limpia mientras el músico escucha desde sus auriculares la señal procesada?

▶ Si queremos grabar ambas tomas, la procesada y la limpia, podemos utilizar una caja de inyección. Gracias a este dispositivo podremos duplicar la señal y grabar al mismo tiempo las dos señales de forma independiente. Esto nos sirve, por ejemplo, en el caso en que queramos grabar el sonido de un amplificador de guitarra y, al mismo tiempo, conservar la señal limpia.

▶   Si solo nos interesa grabar una señal limpia pero el músico ha de escuchar los efectos durante su interpretación, podemos enviar a sus auriculares la señal procesada desde nuestro sistema de grabación. Esto es posible con los sistemas digitales, que permiten grabar una toma limpia mientras se reproduce con todo tipo de efectos provisionales. En el caso del home studio, la práctica totalidad de los secuenciadores suelen incluir esta opción.

4

LECCIONES DE LA GRABACIÓN ANALÓGICA

Hace no tanto tiempo no existían ni la grabación por pistas, ni los procesadores de efectos digitales, ni muchísimo menos ningún músico contaba con ordenadores potentes en casa para grabar sus canciones. A pesar de toda esta tecnología a su disposición, muchos músicos modernos no consiguen lograr grabaciones decentes. Elvis, Muddy Watters, John Lee Hooker, The Beatles, Bob Dylan y tantos otros grabaron algunos de sus temas clásicos en mono, es decir, en una sola pista. Mientras tanto, discos tan revolucionarios como *Sgt Pepper's Lonely Hearts Club Band* de The Beatles o *Pet Sounds* del grupo The Beach Boys, siguen siendo máximos exponentes hoy en día a pesar de estar grabados en tan solo cuatro pistas.

Escuchar la música que se ha hecho en el pasado teniendo en cuenta la tecnología con la que se grabó es un ejercicio muy recomendable para aprender diferentes metodologías. No solo eso, aplicando técnicas de grabación utilizadas hace décadas podemos aprovechar al máximo nuestros recursos. Al echar la vista hacia atrás nos damos cuenta que muchos de los usos y costumbres de décadas pasadas no solo siguen teniendo vigencia en la actualidad, sino que de un modo definen la propia esencia de la grabación.

Diferencia entre canal y pista

Como mencionamos en el apartado dedicado a la grabación por pistas, una pista es el soporte donde queda registrada el sonido del instrumento que queremos grabar. A menudo este concepto se suele confundir con el de canal de sonido. Llegados a este punto, es imprescindible que quede clara la diferencia entre ambos:

▷ **Canal:** circuito y/o cableado por donde circula una señal de audio.

▷ **Pista:** soporte donde se registra la información sonora.

Es importante señalar que una mayor cantidad de pistas no tiene por qué garantizar mejores resultados. En la actualidad es habitual encontrarnos con grabaciones realizadas con multitud de pistas que suenen planas y frías, mientras otras realizadas con menos recursos alcanzan un mayor grado de calidad.

Grabación analógica en mono

El sistema de grabación en mono (monoaural) constaba de solo una pista. Aunque en los años cincuenta, las mesas de mezcla de la época contaban con varios canales donde conectar los distintos micrófonos, el resultado final acababa registrado en un sistema que generalmente hoy en día se consideraría obsoleto. Aun así, mucho antes de la llegada del estéreo se realizaron grandes grabaciones de big bands, grandes orquestas, blues, rock'n'roll, etc.

Qué podemos aprender de las grabaciones en mono

¿Por qué siguen sonando tan bien estas grabaciones? Porque se prestaba gran importancia a la dinámica, a la colocación de los distintos instrumentos, a la posición de los micrófonos, a la profundidad, a dinámica de la interpretación, a los diferentes niveles de intensidad de los elementos de la obra, a la calidad de la sala donde se grababa, al sonido en su conjunto. Este perfeccionismo puede beneficiar a cualquier grabación en la actualidad, aunque no se realice en mono.

Basándonos en este principio, podemos aplicar las enseñanzas de las grabaciones en mono durante el proceso de mezcla. Algunos ingenieros de sonido prefieren comenzar las mezclas en mono. Gracias a esto podemos ordenar los diferentes instrumentos mediante la aplicación quirúrgica de ecualización y *reverb*eración. La idea es que si conseguimos que una mezcla suene de forma equilibrada en mono, nos será mucho más fácil a la hora de pasarla a estéreo con el control panorámico.

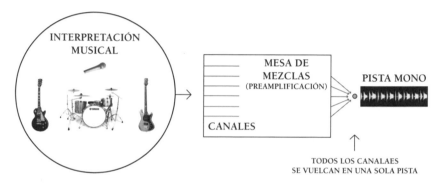

Micrófono Rode S1, guitarra Gibson Les Paul, batería Yamaha y bajo Gibson.

Grabación analógica en estéreo

La introducción del estéreo cambió para siempre el mundo de la producción musical. Aunque ya se habían hecho distintos experimentos en décadas anteriores (en 1940 en la película de animación *Fantasía* de Walt Disney, sin ir más lejos), el sistema de grabación de dos pistas no se asentó definitivamente en los estudios de grabación hasta finales de los años cincuenta y principios de los sesenta.

Registrar el sonido en dos pistas abre la posibilidad de reproducir música a través de dos canales diferenciados (izquierdo / derecho). Esto tiene una aplicación práctica incuestionable: el estéreo nos permite experimentar aun más con el espacio sonoro, simular la colocación natural de los distintos instrumentos y crear un efecto panorámico.

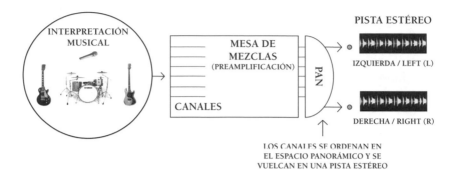

El control panorámico, situando los elementos de la orquesta

El control panorámico (también llamado panorama o paneo) es indispensable para entender cualquier producción musical. Permite ordenar de izquierda a derecha los distintos elementos que conforman una pieza musical. Con esta técnica, junto a la aplicación de distintos niveles y reverberación, conseguimos crear un efecto tridimensional aportando mayor naturalidad a la música.

A continuación reproducimos el esquema panorámico básico de una agrupación de pop estándar. Como vemos, se trata de plasmar sobre la grabación la experiencia real de una actuación musical.

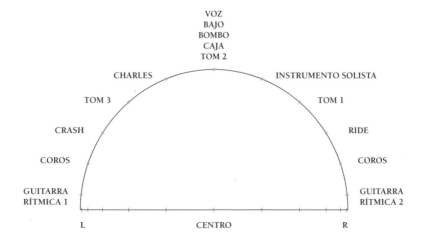

⋎ **Cómo utilizar el control panorámico:** Tanto las mesas de mezclas como los programas de secuenciación como Nuendo o Pro Tools nos permiten utilizar el control panorámico. En el caso de las mesas de mezcla estaríamos hablando de un canal de audio. En el caso de los secuenciadores, si el audio está ya grabado, normalmente hablamos de pista. Cada pista/canal mono cuenta con su propio control, normalmente denominado «pan».

Por regla general los instrumentos principales (y también los que abarcan frecuencias más graves) se tienden a situar en el centro. Los elementos de acompañamiento y de decoro se sitúan a los lados. Pero esta no es una regla exacta. El control panorámico es un campo que ha estado históricamente muy abierto a la experimentación. En el capítulo 7 abarcaremos este tema con mayor profundidad.

Es importante señalar que cuando modificamos este parámetro en una pista/canal estéreo, realmente hablaríamos de balance más que de panoramización. El efecto es distinto. Con el paneo de una pista/canal mono situamos el sonido en un espacio determinado (de izquierda a derecha) en la salida estéreo del master general. Moviendo el balance de una pista/canal estéreo (que realmente son dos pistas, una situada en el canal derecho y otra situada en el canal izquierdo), estaríamos subiendo o bajando porcentualmente el nivel de una de las pistas.

Grabación analógica multipista

Con la introducción de estos sistemas es posible la grabación instrumento a instrumento. Ya no es necesaria la presencia física de todos los músicos tocando a la vez en una misma sala. Anteriormente era posible incorporar tomas adicionales en la mezcla final mediante el volcado, pero la grabación por pistas permitía por primera vez evitar la pérdida de calidad.

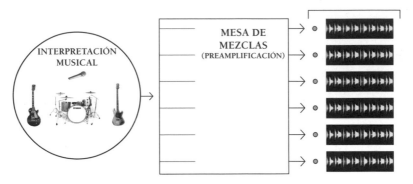

Fue el guitarrista Les Paul uno de los primeros en completar con éxito una grabación por pistas. Lo hizo con un sistema de 8 pistas en la década de los cincuenta, mientras se encontraba experimentando en la forma de cómo grabar diferentes tomas con una misma guitarra. Sin embargo, la grabación multipista no fue introducida de forma masiva hasta mediados de los años sesenta. Gracias a los avances tecnológicos y a la competencia creativa de The Beatles bajo la batuta del productor George Martin, y de The Beach Boys con su líder Brian Wilson a la cabeza, este sistema se reveló como una manifestación artística capaz de elevar la producción musical a un nivel superior.

En un primer momento los estudios instalaron sistemas de grabación de tres y cuatro pistas. Y estas producciones pioneras fueron capaces de aprovechar al máximo todas sus posibilidades. La tecnología fue avanzando a medida que aumentaba la presión y experimentación artística. Los 8 pistas y los 16 pistas no tardaron en acabar sustituyendo a sus antecesores. Con los años la tecnología permitió evolucionar aun en plena era analógica a los 24 y 48 pistas. No debemos olvidar que la grabación cinta analógica estuvo en plena vigencia desde los años cincuenta hasta la consolidación de la grabación digital a finales de siglo xx. Aun en nuestros días sigue siendo reivindicada por otorgar al sonido un carácter especial. Por tanto, no es de extrañar que se lograra tal grado de evolución en cuanto a grabación multipista se refiere.

▶ El resultado final (casi) siempre se reproducirá en una pista estéreo

A pesar de que los sistemas de dos pistas quedaron superados rápidamente por la grabación multipista, el estéreo sigue siendo el formato estándar de comercialización de la música grabada. La práctica totalidad de la música que escuchamos hoy en día es reproducida en formato estéreo. En otras palabras, podemos grabar una orquesta con 32 pistas o hacer una superproducción con 72 pistas, pero después de todo el proceso de postproducción lo más frecuente es que obtengamos una pista estéreo.

Hay excepciones, por supuesto, como algunas bandas sonoras puntuales mezcladas para ser escuchadas en sonido envolvente. Pero incluso en el ámbito de la exhibición cinematográfica, predomina el sistema de reproducción estéreo.

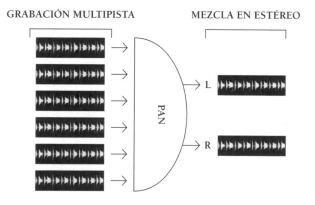

Aplicación práctica en el home studio

Las lecciones aprendidas a lo largo de las décadas pasadas sirven de inspiración para las grabaciones de hoy. No importa que la grabación digital domine el panorama desde hace ya largos años. Al fin y al cabo, los sistemas de grabación son el resultado de una evolución lógica donde creación artística y tecnológica van de la mano.

En el ámbito del home studio, donde los recursos suelen ser más limitados, las técnicas de grabación de la era analógica son realmente útiles. A continuación proponemos algunos ejemplos prácticos.

Pongamos que queremos grabar una sesión con nuestro grupo una grabación con sonido directo. En primer lugar la sala ha de estar bien acondicionada. Si ya es bastante acondicionar una sala acústicamente para grabar instrumentos de gran potencia y complejidad (como puede ser una batería), lo es más aun si pretendemos grabar con todos los músicos tocando a la vez. Pero, por supuesto, es posible. En este sentido es interesante intentar aislar acústicamente cada instrumento utilizando placas especiales.

▶ **Grabación en directo en pistas independientes:** Si por ejemplo queremos grabar 16 canales en 16 pistas independientes, necesitaremos una tarjeta de sonido capaz de procesar tal cantidad de pistas simultáneamente. Si nuestra tarjeta de sonido no cuenta con preamplificación para cada uno de estos canales, necesitaremos preamplificar estas señales mediante una mesa de mezclas con 16 salidas independientes (una por cada canal). Además, si queremos realizar una grabación seria, lo ideal es que cada músico escuche la mezcla desde unos auriculares. Hay que evitar el uso del equipo de voces para amplificar la señal de los micrófonos.

▶ **Grabación en directo con sonido estéreo:** Quizá nos interesa grabar una demo de toda la sesión directamente, sin procesar cada pista independientemente a posteriori, pero donde cada instrumento suene de forma nítida desde su canal específico, bien situado en el espacio panorámico. En este caso podemos utilizar una mesa de una mesa de 16 canales y volcar el sonido de salida estéreo en dos pistas (es decir, en una pista estéreo). Este tipo de tomas no son útiles como grabaciones de control y, además, nos ayudan a equilibrar el volumen de todos los instrumentos adecuadamente. Los niveles de todos los canales han de estar perfectamente configurados en la mesa de mezclas.

▶ **Grabación de demo sencilla de control:** Si deseamos realizar sin mayores pretensiones una maqueta para escuchar nuestra sesión de ensayo, un dispositivo de grabación elemental (como puede ser una grabadora estéreo) nos puede servir. Si nos inspiramos por ejemplo, en las grabaciones de los años cincuenta,

nos damos cuenta de que muchos de estos temas fueron grabados con mesas de mezcla de apenas seis canales, que eran vol-
cados a un sistema en mono. Es decir, muy pocos micrófonos
para captar la totalidad de una banda de rock'nroll tocando en
vivo. La lección es simple: hay que colocar la grabadora en un
lugar estratégico, que capte con homogeneidad el sonido de la
sala. Y siempre hemos de configurar a conciencia los diferentes
niveles de los instrumentos dentro del local de ensayo. Estos
deben sonar ya de por sí equilibrados.

Si en cambio estamos realizando una grabación por pistas, donde los
instrumentos son grabados uno a uno, la necesidad de contar con una
tarjeta de sonido con capacidad de procesar varias pistas simultáneas
sigue estando ahí. La diferencia es que esta cantidad pistas que necesitaremos grabar a la vez es más relativas. Por ejemplo, una batería acústica necesitará un número de pistas relativamente elevado según la configuración microfónica que hayamos decidido, mientras que una toma
de voz normalmente solo necesitará una pista para ser registrada.

5

GRABACIÓN DIGITAL

La introducción del audio digital en las últimas décadas ha supuesto una revolución en el mundo de la producción musical. Gracias a la llegada del ordenador en los procesos de grabación, las producciones musicales pueden llegar a tener una cantidad de pistas prácticamente infinita. Y esta solo es una de sus muchas ventajas. El nivel de ruido de grabación digital es mínimo si lo comparamos con las producciones analógicas. Además, los ordenadores nos permiten editar las pistas de forma milimétrica, lo cual no está exento de polémica, pues en muchas ocasiones editar en exceso es el equivalente a falsear una grabación.

Lo cierto es que, en la actualidad, el disco duro del ordenador ha sustituido a los multipistas tradicionales como sistema de almacenamiento. ¿Cómo funciona esta tecnología?

La cadena de audio en el proceso digital tiene un cambio sustancial respecto al sistema analógico. Si anteriormente la señal eléctrica preamplificada era plasmada en un soporte magnético, ahora es fundamental convertir esta señal analógica en código binario para que pueda ser para registrada en el soporte digital.

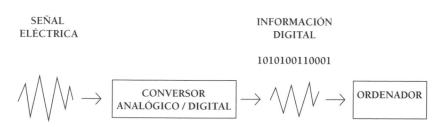

SEÑAL   INFORMACIÓN
ELÉCTRICA   DIGITAL

1010100110001

CONVERSOR ANALÓGICO / DIGITAL → ORDENADOR

A su vez, para poder escuchar aquello que estamos grabando es necesario invertir el proceso y que esta información digital sea decodificada para su reproducción analógica.

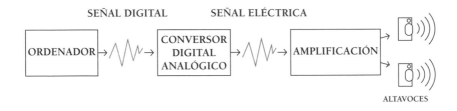

Esta es la función principal de las tarjetas de sonido.

Tarjetas de sonido

Las tarjetas de sonido digitalizan la señal analógica. Solo así se puede procesar y almacenar en nuestro ordenador. A su vez, convierten la señal digital en analógica para que podamos escuchar el sonido a través de unos altavoces.

▶ **¿Cómo se transforma la señal analógica en digital?** Las tarjetas de sonido miden la señal analógica a través de unas muestras periódicas para convertirla en información digital. A esto lo denominamos muestreo del sonido.

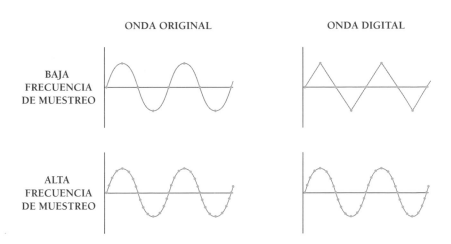

ONDA ORIGINAL   ONDA DIGITAL

BAJA
FRECUENCIA
DE MUESTREO

ALTA
FRECUENCIA
DE MUESTREO

▶ **¿Qué es la frecuencia de muestreo y la profundidad de bits?**
La frecuencia de muestreo es el número de muestras que se realiza sobre la señal acústica para ser codificada. Cuanto mayor es esta cantidad, más calidad de audio se obtiene. Al igual que las frecuencias acústicas, la velocidad de la frecuencia de muestreo también se mide en herzios (Hz). Por su parte la profundidad de bits tiene que ver con el tamaño y nivel de detalle de la muestra. Podemos hacer una analogía con la captura de imágenes en movimiento. Si capturamos 24 fotogramas por segundo obtendremos una secuencia realista, si capturamos tan solo 10 fotogramas, la calidad se verá perjudicada. Algunas cámaras ultra-rápidas de alta definición son capaces de capturar 1000 fotogramas por segundo, lo que nos proporciona una imagen a cámara lenta con un nivel de realismo muy elevado.

▶ **¿Qué parámetros son los idóneos para grabar?** Las tarjetas de sonido actuales trabajan hasta los 96KHz de frecuencia de muestreo. En el sonido para proyectos audiovisuales el estándar suele estar en los 48KHz. Pero estos parámetros son utilizados en ocasiones especiales. Normalmente no se necesitan cifras tan elevadas. En la actualidad se considera que una frecuencia de muestreo de 44KHz y una profundidad de 24 bits es suficiente para una grabación musical. Por ejemplo, el sonido de un los discos compactos está en 44KHz (frecuencia de muestreo) y 16 bits (profundidad).

▶ **¿Qué otras funciones puede cumplir una tarjeta de sonido?** Podemos encontrar en el mercado una abrumadora variedad de tarjetas de sonido e interfaces con múltiples funciones: diferentes canales de entrada, posibilidad de grabación de varias pistas simultáneas, preamplificación integrada, etc.

La mayoría de las tarjetas que se comercializan hoy en día llevan un preamplificador incorporado que nos permite la opción de grabar directamente desde el micrófono, o conectar la señal de línea de una guitarra o bajo, sin necesidad de tener un previo externo. No obstante en ocasiones también es recomendable utilizar tarjetas de sonido que tengan la opción de digitalizar una señal ya preamplificada. De este modo podemos aprovechar los circuitos de mesas de mezclas, preamplificadores específicos y otros aparatos externos si lo creemos conveniente. Algunos de estos preamplificadores externos poseen una calidad superior a los previos integrados en las tarjetas de sonido.

¿Qué tarjeta de sonido elegir?

En primer lugar, hay que decir que la inmensa mayoría de las tarjetas de sonido modernas disponen de conversores con una calidad más que suficiente para trabajar en el ámbito profesional. Esto significa que para elegir la tarjeta de sonido más adecuada para nuestro home studio debemos centrarnos en otras especificaciones, según los objetivos que queramos obtener y el uso que vayamos a darle. En la práctica, estos dispositivos son muy variados y permiten múltiples configuraciones para nuestro home studio.

▶ **Mesas de mezcla con interfaz de audio integrada:** Este tipo de dispositivos es un dos por uno. Por un lado cumplen con la función de una mesa de mezclas (analógica o digital). Por otro, tienen integrados en su circuito un sistema de digitalización de audio. El número de salidas digitales y pistas simultáneas dependen de cada caso, y no tienen por qué coincidir con el número de canales que tenga la mesa. Algunas de las interfaces más sencillas tienen varios canales pero solo una salida digital en estéreo. Esto quiere decir que solo podremos grabar dos pistas simultáneas. Otras mesas en cambio además de ser multicanal, son capaces de digitalizar varias pistas a la vez.

Quizá el principal inconveniente de algunas de estas interfaces es que poseen un complejo circuito de audio. Por tanto, pueden contaminar la señal digital en exceso con ruidos innecesarios.

▸ **Tarjetas de sonido con canales preamplificados:** Estas interfaces son capaces de preamplificar las señales con previos integrados en cada uno de sus canales.

▸ **Tarjetas de sonido con canales no preamplificados:** En muchos estudios profesionales se suelen utilizar tarjetas de sonido exclusivamente para digitalizar las señal sonora, mientras se deja la preamplificación a equipos de alta gama, mesas de mezcla con previos (preamplificadores) de alta gama, previos específicos para cara instrumento.

▸ **Tarjetas de sonido con canales preamplificados y no preamplificados:** Estos dispositivos cuentan con ambos tipos de canales. De este modo podemos utilizar los previos integrados o utilizar preamplificación externa según nos convenga.

Además, encontramos otras especificaciones generales a tener en cuenta a la hora de elegir la tarjeta de sonido más conveniente respecto a nuestras necesidades.

▸ **Latencia:** Tiempo de retardo que se produce en el proceso de codificación y decodificación de un sonido. Se trata de un fenómeno usual en la grabación por ordenador. Podemos notarlo cuando tocamos un instrumento conectado a una tarjeta y este no suena inmediatamente. En cierto modo, siempre que grabamos digitalmente se produce latencia en mayor o menos medida. Cuando este retardo es perceptible por el oído humano se convierte en un serio impedimento. En algunos casos la latencia es tan pronunciada que resulta imposible trabajar de forma óptima.

- **Sistema de transmisión de datos:** USB, Firewire, USB 2.0, USB 3.0 o PCI. El PCI se utiliza sobre todo en los ordenadores de sobremesa y se conecta a la placa madre. Poseen una alta velocidad de transmisión. Con la evolución de las tarjetas de sonido externas, muchas marcas decidieron explorar la movilidad de los dispositivas y apostaron por conexiones USB. En un principio este sistema resultaba demasiado lento para trabajar óptimamente, por eso fue desplazado por el Firewire. A día de hoy las conexiones Firewire están en desuso y han sido sustituidas por el USB 2.0 y el USB 3.0.

- **Número de canales simultáneos de salida:** Está relacionado con la capacidad de grabar varias pistas simultáneas. Si una tarjeta solo puede procesar dos canales de salida a la vez, significa que solo se podrán grabar dos pistas desde el ordenador.

- **Variedad de conexiones:** XLR, jack, RCA,MIDI, etc.

Secuenciadores

El ordenador se ha convertido por derecho propio en el corazón de los estudios de grabación, no solo en el ámbito del home studio. Gracias al software especializado podemos exprimir al máximo las ventajas de la grabación digital: almacenamiento multipista, procesamiento de sonido, edición, postproducción, etc. Este software proporciona las herramientas suficientes para gestionar los procesos más importantes de la producción musical. Interconectado de forma completa con la tarjeta de sonido, estos programas son la base de operaciones de cualquier estudio que se precie. Los programas secuenciadores más comunes son Pro Tools, Nuendo, Cubase y Logic Pro, entre otros.

Funciones principales:

- Grabación multipista.

- Sonido multicanal.

- *Plugins* integrados (efectos, dinámica, ecualizadores, instrumentos virtuales, etc).

▷ *Plugins* externos (capacidad de utilizar aplicaciones externas).

▷ Edición de sonido.

▷ Exportación de audio.

¿Cómo podemos usar un secuenciador de audio?

Esto depende de las características propias del programa y de tu tarjeta de sonido. Cada tarjeta y cada software tiene sus características e interfaces de usuario específicas. Por tanto el uso y la configuración pueden variar de un caso a otro. A pesar de esto, a grandes rasgos hay ciertos parámetros básicos compartidos. A continuación hacemos un repaso al funcionamiento básico de una sesión multipista.

▷ Configura correctamente tu tarjeta de sonido. Lo más habitual es que tu sistema tenga varias de ellas: la tarjeta original integrada en la placa madre del ordenador, una tarjeta de sonido externa, etc. En la configuración del software secuenciador debes seleccionar la tarjeta que quieras utilizar. Esta debe estar configurada a una frecuencia de muestreo idónea (lo más frecuente es que esté a 44.1KHz) y al formato de grabación adecuado (normalmente 24 bits). También configuraremos la latencia ajustando el tamaño del búfer (normalmente mediante el parámetro buffer size). Una mayor calidad de transmisión significará mayor latencia, por lo que en ocasiones tendremos que variar este parámetro según el caso: si estamos grabando, si solo estamos reproduciendo, si tenemos varios *plugins* activados, etc.

▷ Abre un nuevo proyecto desde el secuenciador. Recuerda que el audio del proyecto también ha de estar configurado de forma óptima, normalmente 44.1KHz y 24 bits. Por lógica la configuración de la tarjeta y la del secuenciador ha de ser la misma para que funcione. Revisa las conexiones. Debes indicar al programa qué canales de la tarjeta quieres utilizar para grabar en las correspondientes pistas.

▷ Selecciona el tempo y el compás del proyecto. La claqueta nos servirá para que todas las pistas estén sincronizadas. El sonido del metrónomo puede desactivarse a conveniencia. Si por ejemplo ya has grabado una batería a tempo, quizá no te interese escucharlo. Notarás que puedes elegir la visualización de los compases, o elegir una medida de tiempo. Esto nos será muy útil para editar el sonido una vez grabado.

▶ Añade las nuevas pistas que quieras utilizar. Debes indicar si las quieres en estéreo o en mono, si quieres una pista midi, etc.

▶ En las pistas que quieras utilizar debes activar la grabación antes de comenzar a grabar. Este parámetro normalmente viene indicado en rojo y/o con la letra R (rec). Se utiliza para indicar al programa que esa es la pista donde se va a registrar el audio el audio. Puedes seleccionar, una, todas o ninguna.

▶ Comienza a grabar tus pistas.

El lenguaje MIDI

El lenguaje MIDI es desde hace mucho tiempo uno de los mejores aliados de la producción musical. Pero ¿cómo funciona? ¿Para qué se utiliza? A diferencia de lo que en principio puede parecer, este sistema nada tiene que ver con un proceso de transmisión de audio propiamente dicho. No se produce ninguna señal sonora, ni eléctrica ni acústica. El MIDI tampoco es un formato de sonido como podrían ser el WAV o el MP3.

¿Entonces qué es? Realmente cuando hablamos de MIDI estamos refiriéndonos a la transmisión de un código, un lenguaje. El MIDI en cierto sentido es una especie de partitura que sintetizadores, módulos y ordenadores interpretan. Son comandos, órdenes enviadas a los aparatos interconectados. Por tanto, estos dispositivos han de ser capaces de interpretar dichos comandos para reproducir el sonido.

El lenguaje MIDI nació a principio de los años ochenta. Pero en su concepción original no estaba orientado a la producción la grabación propiamente dicha, sino al mundo de los sintetizadores. Gracias a este sistema los músicos consiguieron interconectar varios sintetizadores en cadena, de forma que podían manejar fácilmente todos estos instrumentos desde un sintetizador principal.

El lenguaje MIDI abre unas posibilidades infinitas de simulación de sonido, instrumentos y orquestas virtuales. Por ejemplo, pongamos que queremos realizar un arreglo orquestal de cuerda para una canción. ¿Cómo podemos hacerlo si no disponemos de la logística suficiente? Por regla general nadie cuenta en su casa con una sala acondicionada para grabar una sección orquestal de estas características, por no hablar de los propios músicos.

La solución es un teclado con conexión MIDI y un instrumento virtual que simule la orquesta. Desde el teclado podemos grabar (o mejor dicho registrar) la información MIDI a una pista de nuestro secuenciador. Si en dicho dispositivo tenemos instalado un instrumento virtual para arreglos orquestales de cuerda, podemos lograr una aproximación a la experiencia sonora de una orquesta. No sonará como la Filarmónica de Berlín, por supuesto, pero el software de instrumentación virtual ha avanzado mucho en los últimos años.

No solo eso. Una vez grabada esta información MIDI en el secuenciador multipista, podemos editar el sonido a nuestro antojo. Tenemos la opción de modificar el sonido a golpe de click. ¿Hemos cambiado de idea y no nos gusta como queda el arreglo de cuerda? Podemos probar con un arreglo de vientos. ¿Nos hemos equivocado de nota y no queremos volver a grabar? Podemos editarlo sin ningún problema. Hacer esto con el lenguaje MIDI es relativamente sencillo. Como hemos dicho, se trata de un lenguaje musical, no de una señal de audio. Dependiendo de la interfaz del secuenciador podemos modificar de una forma gráfica e intuitiva notas, golpes de percusión, intensidad, duración, etc.

Si lo que queremos es samplear una batería (es decir, crear una batería virtual) tenemos en el lenguaje MIDI nuestro mejor aliado. Para hacer esto hay diversas técnicas y programas virtuales. Una de las opciones es crear la partitura desde cero con el editor de percusión, de forma fría, como escribiríamos encima de un papel. Otra opción es contar con una batería virtual con *loops*, *samples* y ritmos pre-programados. Cambiar el sonido de cajas, timbales y bombos es sencillo. Solo tenemos que sustituir un *sample* con otro. Desde el editor de percusión podemos además programar la intensidad de cada golpe. Por supuesto esto tiene sus limitaciones, sobre todo si estamos trabajado estilos con un sonido más clásicos y natural (como el jazz o el blues). Pero está claro que gracias al MIDI tenemos importantes vías hacia la experimentación.

Software de emulación

En la última década el software musical ha avanzado a pasos agigantados. Estas aplicaciones permiten imitar en la actualidad de forma fidedigna el funcionamiento de la tecnología analógica profesional más diversa. Sin duda esto supone una gran revolución en el mundo de la grabación. Gracias a la proliferación de estas aplicaciones capaces de procesar el sonido adecuadamente, tenemos a nuestra disposición infinidad de compresores, ecualizadores, amplificadores y efectos de sonido, totalmente virtuales más que óptimos para ser utilizados durante una producción musical. Muchos de estos programas exploran sin tapujos las posibilidades del audio digital, permitiendo nuevos avances y empleos. Otros están inspirados en componentes analógicos tradicionales, modelos célebres de la historia de la grabación, en busca de ese sonido tan característico de la era predigital.

El software de emulación se puede utilizar tanto de forma integrada como de forma externa. Es decir, podemos utilizarlos totalmente integrados desde el secuenciador de pistas, o bien utilizarlos como un software independiente. Su manejo más lógico y habitual es desde el secuenciador de pistas. Cabe destacar que la totalidad de los secuenciadores de pistas cuentan por defecto con su propio software de emulación. Afortunadamente existen a nuestro alcance muchas otras opciones que también podemos utilizar para nuestras mezclas y grabaciones.

Por ejemplo, pongamos que tenemos una pista de voz y queremos comprimirla un poco. Si estuviéramos trabajando en un entorno completamente analógico necesitaríamos un compresor físico. Hoy en día podemos utilizar infinidad de compresores virtuales.

Otro ejemplo clásico, especialmente en el ámbito del home studio y para la grabación de maquetas, es la utilización de emuladores de amplificadores de guitarra, bajos y otros instrumentos. El objetivo es librarnos de la sonorización. Aunque por regla general no se suelen recomendar para producciones profesionales, bien es cierto que muchos emuladores han alcanzado una calidad óptima. Para muchos ingenieros de sonido es un pecado utilizar un emulador de guitarra para realizar grabación seria. Sin embargo se suelen emplear para paliar defectos de ruido o simplemente porque no contamos con un equipo analógico que cumpla unas condiciones mínimas.

Sea cual sea el caso, para alcanzar niveles elevados de calidad a base de emuladores se necesita muchísima experiencia. Es fácil caer en un sonido deficiente e irreal con este tipo de tecnología. Una vez más, la regla está en guiarnos a través de nuestros oídos.

El software de emulación se ha convertido en cierta medida en la esencia del audio digital. Está claro que es posible (además de interesante y deseable) integrar equipos analógicos dentro de la cadena de audio digital: previos, compresores, efectos externos, etc. Sin duda los equipos analógicos nos permiten alcanzar niveles muy altos de calidad. Pero en honor a la verdad hay que decir que el audio digital no se entiende en la actualidad sin el software de emulación. Su empleo en mayor o menor medida nos hace la vida más sencilla dentro y fuera del ámbito del home studio.

En los anexos de este libro hacemos un repaso de algunas de las marcas más habituales.

Analógico frente a digital

Los emuladores y *plugins* han abierto una nueva puerta en el terreno de la producción. Algunas aplicaciones ya alcanzan un nivel de desarrollo parecido al hardware analógico, con el considerable ahorro de coste que esto supone. Algunos de estos instrumentos son capaces de virtualizar la experiencia de una grabación en estudio (elección de microfonía, posición, ecualización, etc.). ¿Supone esto que podemos sustituir los costosos elementos del estudio por software moderno?

Partamos de que el audio analógico y el audio digital suenan diferentes de por sí. Ni mejor, ni peor. Tan solo diferentes (cuando se emplean bien). ¿Se puede lograr desde la grabación digital un sonido que suene analógico? Relativamente sí. Una grabación totalmente digital es capaz de llegar a un sonido intercambiable con el analógico, aunque siempre oídos bien afinados que encuentren diferencias sutiles. Pero ojo, estamos hablando de diferencias, no de niveles de calidad.

¿Qué marca la diferencia de calidad entre analógico y digital? Un ingeniero de sonido experimentado será capaz de exprimir al máximo las posibilidades de emuladores y *plugins*. Otros usuarios con menores capacidades y/o experiencia no serán capaces de pasar de ese sonido de juguete, amateur, tan característico de la emulación digital. Un buen oído es más determinante que un buen equipo. El software permite conseguir grandes resultados, pero es necesario emplear mucho más tiempo (y saber lo que se está haciendo) en el estudio para lograr un sonido aceptable para los cánones profesionales. Al final la experiencia, el trabajo y el saber hacer es lo que diferencia una buena grabación de una grabación mediocre.

Instrumentos virtuales

Dentro del software de emulación, en el que podríamos englobar un sinfín de propuestas digitales, tenemos esta variedad especialmente útil en el terreno del home studio. Por definición un instrumento virtual es aquel software que o bien imita la experiencia sonora de un instrumento real, o bien explora nuevas posibilidades sonoras desde las virtudes del audio digital. La principal característica diferenciadora de los instrumentos virtuales es que estas aplicaciones poseen una total operatividad a través de lenguaje MIDI.

Podemos clasificarlos en las siguientes categorías generales:

- Sintentizadores y diseño de sonido.

- Simulación de instrumentos acústicos (baterías, percusión, orquestas, pianos, instrumentos de viento, cuerda frotada, etc).

Las posibilidades de esta tecnología son cada vez mayores y estos instrumentos son muy utilizados en todo tipo de producciones. Al tratarse de un lenguaje digital, el usuario puede diseñar y editar melodías, armonías y ritmos para acercarse de forma fidedigna a la realidad analógica. Esto tiene sin duda muchas ventajas:

- Registrar a tiempo real desde un teclado como haríamos con un instrumento real.

- Editar y corregir errores a posteriori desde el secuenciador.

- Diseñar el mapa musical desde cero.

- Configurar las características del sonido tantas veces como queramos.

¿Cuándo utilizar instrumentos virtuales?

En la práctica lo interesante es utilizar esta tecnología respetando las características propias de nuestro producto. Cada género tiene sus códigos particulares. Si bien no es del todo ético (comercialmente hablando) hacer pasar una batería virtual por una interpretación real, hoy en día sería prácticamente inconcebible trabajar en una producción de música electrónica sin hacer uso de este tipo de tecnología. Estilos como el blues, el jazz o el flamenco agradecen en principio un tratamiento más clásico y analógico. Otros estilos también contienen elementos abiertamente electrónicos en su sonido, como podría ser el R&B moderno o el hip hop. Todo dependerá de nuestros objetivos como productores y de lo mucho o poco que queramos experimentar.

Otra de sus grandes aplicaciones está en la maquetación. Gracias al uso de los instrumentos virtuales podemos incorporar de forma provisional baterías, arreglos orquestales y otros elementos que luego pueden ser sustituidos por grabaciones reales. Esto es muy útil si queremos hacernos una idea de cómo puede sonar un arreglo, o para diseñar la estructura rítmica de un tema.

En los anexos de este libro hacemos un repaso de algunas de las marcas más habituales.

6

CAPTURANDO EL SONIDO

La captación del sonido puede ser considerado uno de los artes más delicados dentro de la grabación. Se trata de saber capturar de la mejor forma posible una interpretación musical. Para lograrlo debemos tener siempre presente que el resultado final de una grabación estará condicionado por el eslabón más débil de la cadena: la sala, los instrumentos, los músicos y el equipo.

No importa que dispongamos de los mejores micrófonos, los mejores ingenieros de sonido, los mejores productores y los mejores estudios de grabación. Si los músicos no son buenos, el resultado final será muy difícil de maquillar. Igualmente una producción musical puede verse enturbiada por elementos muy simples: un mal cableado, cuerdas de guitarras viejas, una mala acústica o una referencia de monitores deficiente.

A continuación repasamos principios fundamentales para captar nuestras tomas de forma adecuada:

- La importancia de la ejecución musical.

- Cómo acondicionar una sala para grabar.

- La sala de control.

- Utilización y colocación de los micrófonos según el instrumento.

Ejecución musical

Sin duda el elemento más importante de una grabación es la propia ejecución musical. Cuanto mejor está interpretada y ejecutada una obra, más fácil será microfonear, ecualizar, mezclar y masterizar. El sonido de la interpretación de un buen músico es lo que marca la diferencia. Cuando un guitarrista toca bien su instrumento, la toma será válida sin demasiados quebraderos de cabeza. Cuando una interpretación es deficiente, poco podremos hacer en el momento de la grabación. La microfonía es en este sentido es un elemento secundario.

Además cada intérprete afronta su instrumento de forma muy distinta. Al igual que cada cantante tiene su timbre y su estilo personal, una misma guitarra sonará distinta si es tocada por dos guitarristas diferentes. Es algo que deberemos tener en cuenta cuando queramos conseguir tomas válidas.

Acondicionando la sala de grabación

El primer elemento con el que tenemos que lidiar después de la propia ejecución musical es la sala donde se va a realizar la grabación. Antes de colocar cualquier micrófono es esencial acondicionar la sala donde los músicos efectuarán su interpretación. Además, deberemos escuchar al músico in situ en la sala de grabación para determinar su sonido.

El sonido, como fenómeno físico, se comporta de diferentes formas dependiendo del entorno donde se encuentre. Los efectos de las ondas sonoras al incidir contra objetos y superficies condicionarán totalmente los resultados finales.

Dependiendo de la toma que queramos grabar, estas reverberaciones nos pueden ser útiles o no interesarnos en absoluto. Una sala llena de reverberación, por ejemplo, puede arruinar una toma. También existen casos en los que nos interesará grabar ese efecto. Sin embargo, el estándar hoy en día sigue siendo grabar la fuente sonora lo más seca posible, es decir, sin reverberación añadida. Esto nos ayudará a poder procesarla sin problemas.

Siempre es más conveniente acudir a un estudio de grabación profesional, ya que es ahí donde encontraremos acondicionamientos acústicos medidos al milímetro. No obstante esto no siempre es posible. Por suerte existen varias técnicas para lograr acústicas óptimas a bajo coste y conseguir que la habitación en un home studio sirva para grabar nuestras tomas. Es importante acondicionar la sala con superficies rugosas, desiguales que absorban el sonido, atenúen las resonancias y disminuyan la reverberación del interior de la sala.

Aislar una sala es toda una ciencia en la que se pueden utilizar todo tipo de aislamientos acústicos, desde herramientas de andar por casa hasta materiales concretos especializados. Todo depende del presupuesto disponible. A continuación enumeramos algunos de los materiales más frecuentes:

- Fibra de vidrio
- Espuma
- Lana de roca
- Moquetas porosas
- Alfombras
- Cortinas
- Corchos
- Colchones
- Estanterías con libros
- Armarios con ropa

Los diversos materiales con los que está acondicionada una sala determinarán el sonido final. Por esta razón los grandes estudios profesionales cuentan con salas para grabar diversos tipos de instrumentos con los materiales más sofisticados. Hay salas que suenan especialmente brillantes, salas con un sonido más opaco, salas especialmente adecuadas para grabar baterías, salas especialmente buenas para realizar tomas de piano, etc.

La sala de control

La sala de control es un elemento fundamental para que un estudio de grabación sea considerado profesional. ¿En qué consiste? Se trata de una habitación aislada acústicamente de la sala de grabación, es decir, de la habitación donde los músicos realizan su interpretación. En los home studio (y en los estudios más modestos) la sala de grabación y la sala de control suelen coincidir, lo que provoca que el sonido de la interpretación contamine nuestra referencia. Si nuestro estudio tan solo consta de una sala, nos será imposible escuchar las características de la toma en el momento de la grabación. Esto es un serio impedimento a la hora de, por ejemplo, ecualizar el sonido antes de grabar, por lo que en el ámbito del home studio se suele optar por dejar los ecualizadores planos (es decir, no utilizar ecualización previa).

Gracias a la sala de control podemos tenemos una referencia fiable del sonido que procede de los micrófonos. Esto es muy útil a la hora de elegir qué micrófono vamos a utilizar y cómo vamos a posicionarlo para captar la toma. Sin la existencia de este habitáculo nos veríamos obligados a sonorizar a ciegas, como ocurre normalmente en el home studio.

Otra ventaja es la de poder escuchar el nivel de sonido que llega a la mesa y no guiarnos simplemente a través de los indicadores de nuestro equipo.

▷ **Monitores de respuesta plana durante la grabación:** En el caso de que queramos alterar el sonido durante la propia grabación, es imprescindible la presencia de una sala de control con monitores de respuesta plana. Cualquier proceso que afecte la toma antes de ser grabada ha de ser efectuado con una referencia fiable que nos guíe. Por esta razón, si no disponemos de sala de control es imprescindible dejar los ecualizadores intactos y no comprimir el sonido a la hora de grabar. Lo lógico en estos casos es comprobar las tomas desde nuestros monitores una vez grabadas.

▷ **Auriculares durante la grabación:** en la gran mayoría de los casos, los músicos querrán tener una referencia de aquello que están grabando. Para esto utilizaremos auriculares y duplicadores de señales en el caso de que necesitemos varios ejemplares. A veces es recomendable aplicar compresión y efectos de sonido de forma provisional al sonido que llega a los auriculares de los músicos. Eso sí, sin alterar la toma que estamos grabando. De forma que grabaremos una toma intacta libre de efectos mientras los músicos escuchan una toma procesada. Por ejemplo, es probable que un cantante necesite escuchar con su voz filtrada con *reverb* y compresión para realizar una interpretación de mayor calidad, o simplemente para no forzar sus cuerdas vocales sin necesidad. También podemos encontrarnos con el caso de un guitarrista que necesite aplicar un *delay* que defina su ejecución (por ejemplo un *delay* rítmico a tempo con el ritmo de la canción). Estos efectos los podemos aplicar desde la mesa de la mezclas (o desde el software que estemos utilizando como secuenciador) sin necesidad de alterar el sonido de la toma. En todo caso debemos evitar que el volumen de los auriculares sea excesivamente alto para impedir que los micrófonos lo capten.

Utilización y colocación de micrófonos

El micrófono que escojamos para grabar una fuente sonora condicionará totalmente las cualidades y el carácter del sonido obtenido. Para elegir el más adecuado es fundamental tener muy en cuenta las características propias de cada micrófono: respuesta en frecuencia, presión sonora, sensibilidad, etc. Dependiendo de las características del instrumento que queramos grabar, será más recomendable seleccionar un tipo de micrófono u otro.

Según su posición respecto a la fuente de sonido, hay dos formas compatibles y complementarias a la hora de colocar los micrófonos para captar el sonido de un instrumento musical:

▶ **Microfonía de proximidad:** Son aquellos micrófonos que colocan cerca de la fuente sonora. Dependiendo de las características de cada instrumento, pueden ser micrófonos de condensador, dinámicos o de cinta.

▶ **Microfonía de lejanía:** Son aquellos micrófonos que se colocan algo más lejos de la fuente sonora y que captan una perspectiva más genérica del instrumento y/o de la sala. Se utilizan para grabar salas, ambientes, secciones de viento, secciones de cuerda, baterías, *reverbs*, etc. Por regla general se utilizan micrófonos de condensador y suelen ser tomas en estéreo. Las dos posiciones más comunes para lograr una toma estéreo son la posición X/Y (con los micrófonos cruzados) y las posición A/B (con los micrófonos en paralelo). Con estas técnicas, entre otras cosas, estaremos evitando los famosos problemas de fase.

POSICIÓN X/Y

MIC 1   **MIC 2**

Micrófonos Rode NT5.

POSICIÓN A/B

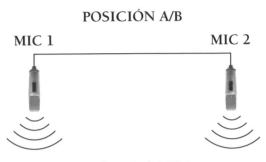

Micrófonos Rode NT2 A.

Como veremos a continuación, es muy frecuente combinar ambas técnicas (incluso en las mismas tomas).

La configuración de micrófonos es un método de ecualización clásica. ¿Por qué? Porque la elección y la posición de los micrófonos respecto al instrumento determinan el carácter de una toma. Por ejemplo, cuando acercamos un micrófono a una fuente de sonido captamos las frecuencias más graves. Cuando elegimos un micrófono u otro, también estamos discriminando ciertas frecuencias sobre otras. Por esta razón muchos ingenieros de sonido, buscando una mayor naturalidad en las tomas, ecualizan mediante los elementos de la microfonía y evitan hacer un uso excesivo de las ecualizaciones electrónicas.

> ¿**Cuántos micrófonos utilizar?** Dependiendo de cada producción, del estilo musical y de su metodología de trabajo, algunos productores e ingenieros son partidarios de utilizar pocos o múltiples micrófonos. A veces es habitual recurrir a la mezcla de distintas tomas realizadas a través de distintos micrófonos para lograr la ecualización deseada. No obstante, no siempre es recomendable usar microfonía excesiva para grabar un instrumento, pues puede jugar en contra de la propia naturalidad de la toma. Un ejemplo práctico lo tenemos en la grabación de baterías acústicas. Existen discos en los que la batería ha sido grabada con tan solo tres micrófonos, mientras que en otros fueron grabadas con más de una decena. Una vez más, todo dependerá de nuestras intenciones, nuestros gustos personales y del sonido que queramos lograr.

▶ **Efecto de proximidad:** El efecto de proximidad es determinante a la hora de posicionar los micrófonos. Cuanto más cerca se posicione un micrófono respecto a la fuente sonora, más frecuencias graves captará. Un ejemplo clásico de esto lo tenemos entre los locutores de radio, que suelen acercarse al micro para lograr unas voces más graves y contundentes. Por esta razón es recomendable pedir al intérprete que conserve una distancia más o menos homogénea respecto al micrófono.

¿Qué son los problemas de fase?

A la hora de utilizar varios micrófonos para grabar un mismo instrumento es esencial que tengamos en cuenta los posibles problemas de fase que pueden alterar el sonido. Cuando una fuente sonora está captada por micrófonos distintos situado a diferentes distancias, las ondas llegarán en primer lugar al micrófono que más cerca esté del instrumento. Al mezclarse ambas señales esta desincronización puede provocar cancelaciones de frecuencia que afectarán al sonido.

▶ **¿Cómo se producen estas cancelaciones de frecuencia?** Hay varios niveles de cancelación que pueden alterar el sonido de muy diversas maneras. Normalmente se suele apreciar una alteración en el sonido antinatural, por ejemplo un sonido delgado con pocos graves al mezclar dos señales que por separado no tienen ese problema. Esta cancelación puede ser radical. Esto ocurre cuando en la desincronización de ambas señales los ciclos negativos y positivos de la onda sonora coinciden exactamente en el mismo punto. En estos casos la cancelación es total, las frecuencias se anulan entre ellas y no se escucha nada. A continuación vemos un ejemplo ilustrativo:

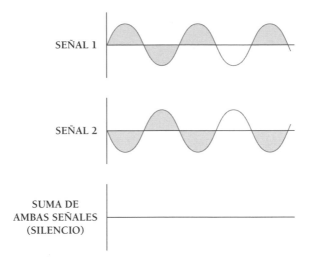

SEÑAL 1

SEÑAL 2

SUMA DE
AMBAS SEÑALES
(SILENCIO)

Este tipo de problemas afecta más a las frecuencias graves y es muy frecuente en tomas con micrófonos de ambiente, *overheads* de batería, cajas de batería, etc. Si hay problemas de fase las frecuencias graves serán las primeras en verse alteradas al tener mayor longitud de onda. Una manera de comprobar si se están produciendo cancelaciones de frecuencia es invirtiendo la polaridad (a través del parámetro de nuestro previo, nuestra mesa de mezclas o del propio secuenciador). Otra manera más artesanal es escuchar la mezcla de ambas señales en mono.

▶ **¿Cómo solucionar los problemas de fase?** Los diferentes equipos utilizados para sonorizar (preamplificadores, mesas de mezcla, software secuenciador) permiten invertir la polaridad de la señal. Esto no solo nos permitirá saber si el sonido se está viendo alterado, sino que también puede ayudarnos a solucionar parcialmente el problema. ¿De qué manera? Dejando la polaridad en la configuración que mejor nos suene.

Sin embargo siempre es preferible ser previsores y evitar los problemas de fase en el mismo momento de la captación de sonido. Para lograr esto la mejor solución es buscar una posición donde los micrófonos no entren en conflicto. Cuando intervienen varios micrófonos en la captación de la misma fuente de sonido, hemos de procurar que las frecuencias sean captadas al mismo tiempo. En tomas estéreo, las posiciones de micrófonos X/Y y A/B son muy útiles en este sentido.

Otra de las técnicas más utilizada es la llamada Regla de 3:1. Si tenemos dos micrófonos en conflicto, hemos de procurar que la distancia entre la fuente de sonido principal y el micrófono secundario (es decir, el micrófono que está recogiendo de forma indirecta las frecuencias) sea al menos tres veces mayor que la distancia entre dicha fuente de sonido y su micrófono principal. Pongamos un ejemplo ilustrativo:

En el anterior esquema vemos la sonorización de la caja de una batería, que está siendo captada por un micrófono principal situado a unos 8 centímetros. El micrófono secundario, que podría haber sido situado ahí para captar cualquier otro elemento del set de batería, guarda una distancia prudencial respecto a la caja tres veces mayor (en este caso 25 centímetros). De esta forma evitamos que ambos micrófonos entren en conflicto y se produzcan cancelaciones de frecuencia.

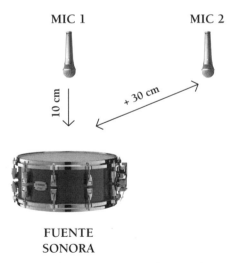

**FUENTE
SONORA**

Caja Yamaha AMS1460, micrófonos Rode S1.

Sonorizando una batería acústica

La batería acústica es sin duda el instrumento musical que más problemas da a la hora de sonorizar. Son muchas las diferentes técnicas que los ingenieros de sonido utilizan para captar el sonido de este instrumento de percusión tan popular, y todas varían en función de nuestros intereses y de los resultados que queramos obtener.

Una vez más la ejecución es lo más importante a la hora de grabar una batería. De nada sirve tener los mejores micros, la mejor sala, los mejores equipos y el mejor ingeniero de sonido si el baterista no es capaz de sacar un sonido equilibrado a su instrumento. La batería es un conjunto de varios instrumentos que el instrumentista ha de saber combinar y mezclar a la perfección. Una batería debe sonar bien equilibrada aunque esté grabada con tan solo un micrófono. De hecho, escuchar una toma grabada desde un micrófono aéreo situado en el centro de la batería es un buen método para comprobar si el batería está tocando de forma óptima para grabar. Este equilibrio en el sonido del conjunto de la batería parte de la propia ejecución. Todo lo que hagamos posteriormente es tan solo un refuerzo. Por ejemplo, si hemos grabado una toma de batería y nos falta pegada en la caja, no lo solucionaremos subiendo el nivel del micrófono de la caja. Esto será solo un parche, pues es un problema de ejecución.

Otros factores imprescindibles a tener en cuenta son las cualidades sonoras de la sala, de la propia batería y la afinación. Cada batería acústica tiene un distinto color y distintas propiedades acústicas. La afinación debe ser muy precisa y estará determinada por el estilo de música. Por su parte, la sala de grabación condicionará en buena medida el sonido que captemos durante la grabación. Será muy importante que acondicionemos bien la sala y que podamos escuchar in situ cómo suena el instrumento.

En cuanto a la posición de micrófonos propiamente dicha, existen varios métodos para captar el sonido de una batería según la forma que tengamos de concebir el instrumento. Si tenemos en cuenta que la batería es un instrumento musical formado por un conjunto de varios instrumentos ejecutados de forma coordinada (bombo, caja, timbales y platos), tenemos dos enfoques contrapuestos a la vez que complementarios de encarar su sonorización:

▶ Captar el sonido de la batería como un instrumento único.

▶ Captar el sonido de la batería como un conjunto de varios instrumentos.

Si concebimos la batería acústica como un instrumento único, tenderemos a utilizar un menor número de micrófonos y a captar una perspectiva general del sonido. Si por el contrario entendemos que la batería es el conjunto de varios instrumentos, tenderemos a abarcar cada instrumento por separado. No está de más puntualizar que es muy frecuente trabajar entre ambos extremos, y que todo dependerá (una vez más) del estilo musical, de nuestros gustos personales y de los resultados que queramos obtener como productores.

Posición de micrófonos retro

Se trata de la captación del sonido de la batería con una economía de micrófonos extrema. Normalmente se limita a un micrófono aéreo encima del baterista apuntando a la caja, además de otro micrófono de refuerzo en el bombo. De esta manera logramos captar el sonido general de la batería. Esta técnica, muy enfocada a la grabación monoaural, era muy común hasta principios de los años sesenta.

Batería Yamaha.

Posición de micrófonos según la técnica Recorderman

Es una evolución de la técnica anterior. Consiste en la captación del sonido con dos micrófonos aéreos colocados estratégicamente encima el baterista justo encima de la caja y otro detrás del hombro el baterista. Para no tener problemas con la fase hay que procurar que los dos micrófonos aéreos están a la misma distancia respecto a la caja y el bombo. Así nos aseguramos que el sonido llegue a las cápsulas al mismo tiempo (podemos hacer uso de una regla, un metro o una cuerda). Normalmente esta técnica se refuerza con otro micrófono de proximidad para el bombo.

Posición de micrófonos según la técnica Glyn Johns

Se trata de una técnica muy utilizada en la era dorada del rock de los años sesenta y setenta. Debe su nombre al ingeniero de sonido Glyn Johns, que utilizó esta técnica para grabar las baterías en los discos más importantes de grupos como Led Zeppelin y Rolling Stones. Se utilizan tres micrófonos. Uno como aéreo encima del baterista y apuntando a la caja para captar el sonido general de la batería. Otro micrófono en el lateral derecho a unos 30 cm por encima del timbal de base y apuntando en dirección contraria hacia el charles (que captará el sonido general de la batería desde otra perspectiva). Y un último micrófono para el bombo. En ocasiones algunos ingenieros de sonido refuerzan esta técnica añadiendo un micrófono de proximidad dinámico en la caja.

Para no tener problemas con la fase hay que asegurarse de que los dos micrófonos aéreos están a la misma distancia de la caja y del bombo. Debido a su proximidad con el micrófono aéreo lateral, también hay que vigilar que el sonido del *ride* no *baile*.

La técnica Glyn Johns consigue una panorámica estéreo interesante de la batería y hoy en día sigue siendo muy utilizada para conseguir el sonido característico de finales de los sesenta y principios de los setenta.

Posición de micrófonos clásica

Esta técnica es muy utilizada para lograr un sonido de batería equilibrado. La forma de encarar la sonorización es muy lógica: dos micrófonos aéreos en posición estéreo (X/Y o A/B) encima del baterista para captar una panorámica general de la batería, un micrófono de proximidad dinámico para el bombo y otro para la caja.

Posición de micrófonos estándar

Esta es una de las técnicas más utilizadas. Es igual que la anterior pero se le añaden algunos micrófonos de proximidad dinámicos en los timbales de la batería.

Posición de micrófonos moderna

Esta técnica de sonorización concibe totalmente la batería como un conjunto de varios instrumentos. El objetivo es captar el sonido de cada uno de los elementos de forma independiente a través de micrófonos de proximidad: platos, charles, *ride*, timbales, bombo y caja. Dependiendo del estilo, a veces es frecuente complementar estos micrófonos de proximidad con aéreos que capten el sonido general de la batería.

Todas estas técnicas se pueden complementar con micrófonos de lejanía para captar reverberaciones y el sonido de la sala de grabación. El método de grabación que utilicemos condicionará en buena medida el proceso de mezcla y el carácter de la producción. En estilos como el jazz, donde se busca un sonido más acústico y clásico, es mucho más habitual encarar la batería como un instrumento único y dar prioridad a los micrófonos de lejanía. En otros estilos lo recomendable será buscar la contundencia y la pegada de los micrófonos de proximidad.

Sonorización del bombo

A la hora de sonorizar un bombo normalmente se busca una buena pegada y un sonido de graves equilibrado. Una técnica de sonorización muy frecuente consiste en colocar el micrófono delante del bombo a una distancia prudencial. Sin embargo, dependiendo de los resultados que queramos obtener, en otras ocasiones es preferible colocar el micrófono dentro. Las frecuencias graves son las que más problemas suelen dar, por eso es muy habitual apagarlas con un material adsorbente (mantas, goma espuma, etc). Hay que tener en cuenta que durante el proceso de mezcla habrá que procurar que el bombo y el bajo suenen de forma equilibrada. Algunos ingenieros de sonido van incluso más allá y quitan el parche trasero. Con esta técnica se logra captar una buena pegada y un cuerpo con unos graves menos exagerados.

Para grabar bombos se suelen utilizar micrófonos con un diámetro bien ancho que capte con mayor precisión las frecuencias más graves, normalmente micrófonos dinámicos.

En los apéndices de este libro encontrarás un listado con los modelos más habituales.

Sonorización de la caja

Por regla general a la hora de sonorizar una caja se busca una buena pegada y unos armónicos agradables. En cuanto a la afinación, se suele hacer uso de una sordina artificial para apagar vibraciones molestas. Dependiendo del estilo buscaremos una afinación más aguda o más grave. En algunos casos se puede grabar con un paño encima para apagar las resonancias más evidentes y conseguir un sonido más cercano al estilo de los años ochenta. Para que el micrófono capte un sonido equilibrado se suele posicionar de forma que apunte al espacio situado entre el centro y el aro de la caja (a una distancia prudencial para no interferir en la ejecución del baterista). En ocasiones puntuales se puede complementar con un micrófono situado debajo de la caja que recoja el sondo de la bordonera.

En el caso de que grabemos con micrófonos de proximidad, se suelen utilizar micrófonos dinámicos, con buena definición en las frecuencias medias y ciertos picos en frecuencias agudas donde está situado el ataque de la caja.

En los apéndices de este libro encontrarás un listado con los modelos más habituales.

Sonorización de timbales

Los timbales han de estar bien afinados y tener una respuesta armónica coherente respecto a la caja. En algunas ocasiones los parches traseros se suelen quitar para recortar algunas resonancias molestas. Al igual que en la caja, utilizaremos micrófonos de proximidad dinámicos situados entre el centro y el aro (normalmente con diafragmas más anchos que consiguen una mejor respuesta de graves).

En los apéndices de este libro encontrarás un listado con los modelos de micrófonos más habituales.

Micrófonos aéreos y sonorización de platos

Dependiendo de cómo enfoquemos la grabación de una batería, estos micrófonos tendrán más o menos importancia. Si sonorizamos la batería como un instrumento único haremos más hincapié en los micrófonos aéreos para buscar una perspectiva genérica. Hay que tener muy en cuenta que el sonido de los platos se capta fácilmente a través de los micrófonos del resto de instrumentos. Por tanto, si sonorizamos cada instrumento de forma individual, los micros de proximidad de los platos serán un mero refuerzo.

De entre todos los platos el charles es el que más problemas presenta a la hora de sonorizar una batería. La mayoría de las vibraciones del

charles están captadas por el micrófono de la caja, muy próximo físicamente. Si queremos sonorizar el charles de forma individual, habrá que
posicionarlo de forma que el aire que sale del plato no interfiera.
Se suelen emplear micrófonos de condensador tanto para los aéreos
como para la microfonía de proximidad. En los apéndices de este libro
encontrarás un listado con los modelos más habituales.

Sonorizando guitarras acústicas, clásicas y flamencas

La grabación de guitarras acústicas, clásicas y flamencas es todo un arte.
Cada guitarra tiene sus particularidades y sus características propias.
Existen ejemplares de guitarras muy diversos, construidos con maderas
y materiales bien diferentes. Además, cada guitarrista cuenta también
con su sonido y personalidad particulares. Por tanto nuestra misión
principal a la hora de sonorizar una guitarra será captar la esencia de la
interpretación de la forma más fidedigna posible.

En primer lugar, cuando registramos una guitarra tenemos que ase-
gurarnos de que las cuerdas de la guitarra conservan su brillo. Siempre
es mejor grabar con cuerdas prácticamente nuevas. Una vez hecho esto,
es imprescindible cuidar el acondicionamiento de la sala de grabación.
En general se buscan recintos con una acústica brillante y se utilizan
micrófonos de condensador.

Otro elemento clave está en tener claro qué tipo de interpretación
vamos a grabar. ¿Qué papel juega la guitarra en la grabación? ¿La guitarra tiene un papel protagonista o es tan solo un instrumento de acompañamiento?

Dependiendo del caso encararemos su sonorización de forma bien
distinta. Si tomamos como ejemplo el caso de un guitarrista clásico solista (o de una canción de guitarra y voz), habrá que emplear micrófonos de lejanía reforzados con microfonía de proximidad. En cambio si
la guitarra acústica es un mero elemento acompañamiento (como una
guitarra acústica dentro de una atmósfera rockera recargada) será más
recomendable utilizar una sonorización mucho más simple.

Micrófonos de lejanía en la grabación de guitarras acústicas

Normalmente cuando escuchamos a alguien tocar una guitarra, nunca lo hacemos acercándonos demasiado al instrumento. Lo lógico es situarnos, como oyentes, a una distancia prudencial que nos proporciona una perspectiva general del sonido. Con la microfonía de lejanía buscamos captar este mismo efecto. Los micrófonos vienen a ocupar la posición física de un oyente que escucha una interpretación.

En la grabación de una guitarra solista, especialmente en los casos donde apenas hay instrumentación de acompañamiento, estos micrófonos son esenciales. Para lograr captar el sonido de forma óptima hemos de contar con una sala con buena acústica. Los micrófonos de lejanía son los que mejor reflejan la esencia general de la interpretación. Esto ocurre también en la grabación de combos flamencos simples, e interpretaciones de guitarra y voz. En todos estos casos, utilizaremos los micrófonos de lejanía para captar una buena panorámica del sonido y de proximidad como refuerzo.

Micrófonos de proximidad en la grabación de guitarras acústicas

Cuando sonorizamos una toma donde la guitarra juega un papel protagonista (por ejemplo en la grabación de un guitarrista clásico) la microfonía de proximidad nos sirve para aportar presencia y, en definitiva, equilibrar el sonido total de la guitarra. Esta idea también nos sirve cuando queremos grabar combos acústicos simples (tomas de guitarra y voz, combos flamencos sencillos, etc). En estos casos utilizaremos micrófonos de proximidad para reforzar cada instrumento individualmente.

No obstante, cuando la guitarra es un elemento más de la pieza musical enfocaremos la grabación de manera radicalmente distinta. Si en una pieza musical intervienen un mayor número de instrumentos, por ejemplo una canción de pop rock, lo lógico es centrarse en los micrófonos de proximidad como fuente principal de sonido. Podemos utilizar modelos muy diversos como, cada uno con su color y carácter especial. Las posibilidades son múltiples tanto en precio como en calidad. Por regla general utilizaremos siempre micrófonos de condensador.

En los apéndices de este libro encontrarás un listado con los modelos más habituales.

Existen diversas técnicas para sonorizar una guitarra desde los micrófonos de proximidad. Lo primero a tener en cuenta es que cada micrófono es diferente. Su respuesta en frecuencia y su posición respecto a la fuente de sonido jugará un papel determinante en la ecualización. Como ocurre siempre, no hay reglas fijas que nos indiquen la mejor posición de la microfonía. Más bien se tratan tan solo de recomendaciones. La mejor guía a la hora de colocar un micrófono está en nuestros propios oídos.

A veces es inevitable tener que grabar una guitarra con solo con un micro. En estos casos hay que procurar que la toma recoja las frecuencias y armónicos que mejor definan el sonido del instrumento. Una de las técnicas más habituales consiste en sonorizar la guitarra colocando el micrófono delante de la boca de la caja de resonancia, pero hay quien opina que con esta técnica se recoge un buen número de armónicos innecesarios que acaban enturbiando el sonido final (y que nos obligarán a ecualizar en exceso posteriormente). Por esta razón, algunos ingenieros de sonido prefieren buscar un sonido más nítido y delgado colocando el micrófono delante del mástil.

Guitarra flamenca artesanal Manuel Rodríguez.

Guitarra flamenca artesanal Manuel Rodríguez.

Una opción alternativa está en apuntar el micrófono a la parte inferior del puente. Desde esa posición se pueden captar las frecuencias más importantes que definen el sonido de una guitarra. Para proporcionar aire y naturalidad a las tomas suele ser habitual otros micrófonos de refuerzo cerca del mástil.

Guitarra flamenca artesanal Manuel Rodríguez.

En la práctica, todas estas técnicas se pueden complementar en busca del sonido que mejor se adecúe a nuestras intenciones.

En la actualidad, incluso en el ámbito del home studio, tenemos la posibilidad de utilizar varias pistas simultáneas con las que poder trabajar. Por tanto podemos experimentar con varios micrófonos y mezclar diversas tomas procedentes de posiciones de micro distintas. Sin embargo, cuando grabamos con varios micrófonos es necesario prestar especial atención a los posibles problemas de fase que puedan surgir. En este sentido la posición estéreo X/Y es otra opción recurrente para configurar micros de cercanía. Con esta técnica, al coincidir las cápsulas de los micrófonos, rara vez se presentarán cancelaciones de frecuencia.

Guitarras electroacústicas

Las guitarras electroacústicas tienen una salida de línea que nos sirven para amplificar la señal. Es muy común aprovechar esta señal para mezclarla con la señal de los micrófonos y aportar presencia a la grabación.

Sonorizando guitarras eléctricas y bajos

La sonorización de guitarras eléctricas es todo un mundo donde trabajamos con una gama de frecuencias muy amplia y sonidos muy diferentes entre sí. En el mundo de la guitarra eléctrica no solo influye el modelo de la guitarra, sino el sonido de cada amplificador. Cada guitarrista está acostumbrado a su propio sonido y lo más frecuente es que el equipo que utilice defina su personalidad como músico.

Al igual que ocurre con la grabación de guitarras acústicas, hay diversas técnicas para captar el sonido del amplificador de una guitarra. A veces se combina entre microfonía de lejanía y proximidad para lograr una cierta perspectiva. Otras se elige grabar simplemente desde una sola posición. La decisión de cómo sonorizar amplificadores de guitarra depende de nuestros objetivos y de nuestras decisiones como productores musicales.

Los micrófonos de lejanía nos proporcionan profundidad y ambiente de sala, mientras que los micrófonos de proximidad captan un sonido más seco que aporta presencia a la toma. La mezcla de estas diferentes posiciones pueden ayudarnos a conseguir resultados interesantes. En el ámbito del home studio lo más frecuente es economizar. Por regla general se suelen grabar las tomas con un solo micrófono, mientras jugamos con su posición respecto al amplificador.

Micrófonos de proximidad en la grabación de guitarras eléctricas

Normalmente se coloca un micrófono frente al amplificador. Debido al gran volumen de los amplificadores de guitarra, los micrófonos dinámicos al soportar una mayor presión sonora son más recomendables para ser utilizados como micrófonos de proximidad. Podemos situarlo de forma totalmente perpendicular respecto al cono del amplificador, aunque para evitar problemas de presión sonora y saturación podemos colocarlo con un ángulo de 45 grados o ligeramente apartado. También se suele recomendar una distancia estándar de un par de palmos. Los micrófonos de proximidad serán en última instancia los que aporten presencia al sonido de la guitarra.

En los apéndices de este libro encontrarás un listado con los modelos de micrófonos más habituales.

Micrófonos de lejanía en la grabación de guitarras eléctricas

En ocasiones puntuales nos puede interesar grabar el sonido de un amplificador con microfonía de lejanía. Así logramos capturar el sonido de la sala que nos aportarán profundidad en la mezcla final. Para ello se suelen ser utilizar micrófonos de condensador.

En estos casos es importantísimo que la sala esté bien acondicionada. Frecuentemente se utilizan pares estéreo. Precisamente por esto, suele ser una buena idea posicionar el amplificador de guitarra en el lugar panorámico donde intuimos que estará posicionada la guitarra en la mezcla. No obstante, también podemos utilizar un solo micrófono de condensador para captar este tipo de sonido atmosférico. La toma resultante sería una toma monoaural.

Los micrófonos de lejanía aportan perspectiva, profundidad y color al sonido de la guitarra. Dependiendo de nuestros objetivos, podemos grabar en tomas estéreo y utilizar un par de micrófonos de condensador de membrana pequeña, aunque también es posible utilizar micrófonos de membrana grande, especialmente para tomas en mono.

En los apéndices de este libro encontrarás un listado con los modelos más habituales.

Sonorización de bajo eléctrico

La sonorización de un bajo eléctrico es más efectiva mediante micrófonos de cercanía, ya que nos proporcionan una mayor pegada, indispensable para apoyar la función rítmica de este instrumento musical.

Normalmente utilizaremos micrófonos dinámicos con un diagrama ancho que pueda recoger sin problemas las bajas frecuencias. Los micrófonos útiles para el bombo (e incluso timbales) suelen servir también para sonorizar amplificadores de bajo.

En los apéndices de este libro encontrarás un listado con los modelos más habituales.

Grabación de la señal por línea

Aunque siempre es recomendable captar la esencia de una guitarra o un bajo eléctrico a través de un micrófono, la grabación de la señal de línea nos puede ser muy útil en muchas ocasiones, especialmente en el ámbito del home studio.

Si queremos grabar la señal de línea y conservar a su vez el sonido captado por los micrófonos necesitaremos un duplicador de señal o una caja de inyección.

Grabar las señales limpias puede salvarnos de más de un apuro. Si las tomas que hemos grabado con los micrófonos no nos sirven por cualquier motivo, siempre podemos tener disponibles estas señales para volver a procesar desde el principio efectos de sonido, ecualizaciones, distorsiones, compresiones, etc. Si tenemos el dispositivo indicado para ello, también nos pueden servir para volver a grabar esta misma señal desde un amplificador (reamplificar la señal desde cero). En última instancia podemos utilizarlas para imitar el sonido real del amplificador con un software de emulación. En estos casos, es imprescindible huir del sonido digital-maquetero tan común en producciones de bajo presupuesto.

Por último, en ocasiones puntuales trabajaremos directamente con la señal de línea. Esto es muy común al procesar el sonido del bajo, aunque también puede servirnos para conseguir un color particular en las guitarras eléctricas limpias.

Sonorizando voces

Las voz humana es una fuente de sonido muy característica. Generalmente las voces se suelen grabar con micrófonos de condensador para captarlas en todo su esplendor, aunque los micrófonos dinámicos también pueden aportar carácter a la toma. El factor más importante a la hora de elegir un micrófono u otro es el de la propia personalidad de la voz. No es lo mismo grabar una voz melódica que una voz gutural. Cada tipo de micrófono proporcionará un color distinto. Los modelos más habituales a la hora de grabar voces en estudio suelen ser micrófonos de condensador, aunque también pueden servir dinámicos.

En los apéndices de este libro encontrarás un listado con los modelos más habituales.

Una herramienta del todo imprescindible para grabar en estudio cualquier tipo de voz es el llamado antipop. Se trata de un objeto especialmente pensado para frenar los golpes de aire provocados por las consonantes que pueden arruinar una grabación (especialmente las P y las B).

Micrófono Rode NT1-A con antipop.

Algunos productores musicales, en busca de experimentación y realismo, suelen grabar las voces en salas con reverberación. Los más conservadores en cambio intentan evitar grabar un ambiente de sala excesivo. Si nos regimos por los cánones más ortodoxos, la distancia entre el micrófono y el cantante suele ser de un palmo aproximadamente.

Otros instrumentos

A lo largo de nuestra carrera profesional es muy posible que tengamos que grabar una gran variedad de instrumentos. La sonorización de todos y cada uno de ellos será bien diferente. Por eso siempre es recomendable tener en cuenta las características del instrumento para elegir la microfonía más adecuada. No obstante, como venimos advirtiendo, la elección de un micrófono u otro es muy relativa y depende a veces de factores subjetivos. Para ello necesitaremos guiarnos por nuestros oídos y experiencia.

Congas, timbales, cajones

Los instrumentos de índole más percusiva responderán mejor con micrófonos dinámicos que aguanten una mayor presión sonora. Si además tienen una mayor presencia de frecuencias graves y medias, habrá que utilizar micrófonos de diafragma grande. Sin embargo, al igual que ocurre con las baterías, también puede ser interesante grabar con micrófonos de condensador para captar una perspectiva aérea del instrumento, sobre todo en el caso de secciones compuestas por varios instrumentos de percusión.

Cuerda, vientos, instrumentos acústicos

Los instrumentos más melódicos responderán mejor frente a los micrófonos de condensador, más sensibles a las frecuencias medias y altas. Sin embargo, en algunas ocasiones los instrumentos de viento necesitarán micrófonos que aguanten una mayor presión sonora, por lo que habrá que echar mano de microfonía dinámica.

Sonorización de pianos

Los pianos se suelen sonorizar con dos micrófonos de condensador en posición estéreo para lograr una buena panorámica. El piano posee una inmensa riqueza armónica y las posibilidades de captación son muy variadas dependiendo del carácter que queramos lograr en la toma. De nuevo, la posición X/Y nos ayudará a tener bajo control los posibles problemas de fase, tan frecuentes en la sonorización de este instrumento. Para lograr una toma equilibrada es recomendable posicionar los micrófonos encima del do central.

Sonorización de secciones de cuerda, viento y coros

Las sonorización de secciones se puede enfocar de dos maneras complementarias: como unidad o como instrumentos separados. Los micrófonos de ambiente, normalmente colocados en estéreo, proporcionan mejor una perspectiva panorámica y una visión más natural de la sección en su conjunto, mientras que los micrófonos de proximidad aportan mayor presencia a cada instrumento. Dependiendo del finalidad de la sección en el conjunto de la producción, se puede jugar con la profundidad de sala.

Otra posibilidad, si la sección está compuesta por tan solo 4 o 5 instrumentos, es colocar a los músicos alrededor de un micrófono bidireccional.

7

POSTPRODUCCIÓN

Una vez realizada la grabación, llega el momento de situar todos los elementos en el lugar que le corresponden, de lograr un buen resultado final. Podemos hacer la analogía con una receta de cocina. Ya tenemos todos los ingredientes, ahora necesitamos cocinarlos para obtener un plato. Por tanto, el proceso de postproducción es una fase también muy creativa de la producción musical.

Teniendo esto en cuenta podemos diferenciar tres fases de postproducción distintas:

▶ Edición

▶ Mezcla

▶ Masterización

Edición de sonido

La edición del sonido se sitúa en un término medio entre la producción y la postproducción. No forma parte totalmente del proceso de producción, pues consiste en corregir los posibles errores de las tomas que ya hemos grabado. Pero tampoco podemos hablar genuinamente de una fase dentro de la fase postproducción, puesto que podemos editar las tomas de sonido a medida que vamos grabando. Y en ocasiones es preferible que así sea.

La edición de sonido tiene un alto componente de corrección. Consiste en seleccionar las partes aprovechables de cada toma para construir una nueva y de solventar los posibles errores de ejecución que se hayan podido ocasionar durante la grabación. Este proceso no es nuevo, ya existía en la era analógica en la que se cortaban y pegaban literalmente fragmentos de cinta magnética. En la actualidad los sistemas digitales nos permiten ir muchos pasos por delante y realizar ediciones quirúrgicas.

Debemos diferenciar claramente este proceso de la aplicación de ecualización, compresión y otros efectos a una toma o archivo de audio, también denominada edición de sonido.

A continuación proponemos dos ejemplos prácticos de edición de una canción grabada por pistas:

▷ **Corrección de ejecución:** Uno de los fallos más habituales es un golpe aislado a destiempo en alguno de los instrumentos que forman parte de la canción, por ejemplo un acorde de guitarra o una nota de bajo. Durante la edición de sonido es muy sencillo cortar y desplazar ese golpe digitalmente para que suene de forma sincronizada.

▷ **Selección de tomas definitivas:** Normalmente durante una grabación por pistas se suelen grabar varias tomas por instrumento y elegir la toma más adecuada. Con la edición de sonido podemos ir un paso más allá. Si por ejemplo tenemos varias tomas de voz podemos elegir las partes que más nos interesen de cada una de ellas para crear una única pista definitiva con las secciones que consideremos mejor ejecutadas.

▶ ¿Hasta dónde editar?

En las producciones contemporáneas es muy habitual abusar de la edición. Dependiendo del caso algunos productores están radicalmente en contra de cualquier tipo de edición, pues consideran que es una desnaturalización de la música, una forma de falsear la realidad, el equivalente a la edición fotográfica desmesurada en la producción musical.

En el otro extremo tenemos aquellos que abogan por el uso abierto de la tecnología para crear producciones que vayan un paso más allá. En algunas producciones comerciales de hoy en día es frecuente encontrarnos con cortes silábicos en las tomas de voz, lo que convierte la pista definitiva en un auténtico collage. Algo parecido ocurre con el empleo sistemático de aplicaciones de corrección automática como AutoTune, ideadas en principio para afinar notas mal ejecutadas. Actualmente estas aplicaciones superan la mera edición y a menudo se emplean de forma excesiva para obtener un efecto de sonido muy característico de algunos estilos de nuevo corte.

A fin de cuentas el uso o abuso de la edición de sonido depende de nuestros objetivos como productores. Probablemente una canción electrónica no pueda ser concebida a día de hoy sin una edición concienzuda, al igual que en una producción clásica de blues, jazz, rock o flamenco podemos ir en contra de la esencia del género si nos excedemos con las correcciones y la selección de tomas.

Mezcla

El proceso de mezcla es una de las fases más creativas de una producción musical. Es durante esta fase cuando la pieza musical cobra sentido como tal. Una mezcla puede hacer cambiar radicalmente el carácter de una obra, por tanto nuestras decisiones deben estar orientadas al beneficio de la expresividad de la canción en su conjunto. Quizá la única regla de oro a la hora de realizar una mezcla con éxito consiste en abordar los diferentes elementos de un tema musical como un todo.

Por este motivo la mezcla es siempre un proceso muy subjetivo. La persona que mezcla el tema impregna buena parte de su sensibilidad musical en favor de una mayor expresividad de la pieza. Dos personas distintas nunca obtendrán el mismo resultado durante el proceso. Por tanto, dentro de unos parámetros mínimos de calidad, no existen ni malas ni buenas mezclas. Todo dependerá del género musical y de nuestra idea general del proyecto.

En este sentido, si bien siempre es bueno abordar el proceso desde una mentalidad abierta, normalmente el estilo concreto que estemos trabajando predefine de antemano el sonido. En algunos géneros se busca una mayor naturalidad, con rangos dinámicos muy amplios y sonidos poco procesados. Otros estilos en cambio se mueven en unos parámetros donde se busca una producción más evidente. No es lo mismo mezclar un tema de música clásica, hip hop o rock. Cada estilo musical tiene sus propios códigos.

Por último, antes de entrar de lleno en las particularidades del proceso, debemos recordar que durante la grabación se construyen los cimientos de la propia mezcla. Por ejemplo, si doblamos la pista de una guitarra rítmica, normalmente sabremos que ambas pistas estarán paneadas en estéreo. Es decir, cuando grabamos las distintas pistas e instrumentos, normalmente ya tenemos una idea aproximada sobre qué posición ocuparán dentro de una mezcla.

 ## Necesidades básicas para mezclar

Al igual que ocurre con la fase de grabación, para mezclar un tema decentemente debemos disponer de unos requisitos mínimos en nuestro sistema de escucha. Es imprescindible que la sala donde realicemos la mezcla esté acondicionada acústicamente. Además nuestros monitores deben reproducir con fidelidad el mayor rango de frecuencias posible y nosotros como productores tenemos que procurar que nuestro trabajo suene bien en los diferentes equipos de reproducción.

¿Qué necesitamos para comenzar a mezclar?

▶ Sala con buenas condiciones acústicas.

▶ Monitores de respuesta plana.

▶ Distintas referencias de escucha para comparar (equipos hi fi, altavoces pequeños, auriculares, equipo de sonido en el coche, etc).

Una sala con una mala acústica arruinará con seguridad la mezcla. Si nuestra sala de control no está bien acondicionada podemos estar escuchando una muestra irreal del sonido. Nuestra percepción auditiva está físicamente influenciada por el entorno. Una sala con malas condiciones acústicas puede enturbiar el sonido y hacerlo parecer más grave o más agudo de lo que realmente es. Por tanto estaríamos trabajando a ciegas. Los monitores de respuesta plana son otro requisito fundamental para mezclar cualquier pieza musical. Si nuestros monitores no reproducen el espectro frecuencial de forma fidedigna podemos estar trabajando sin rumbo. Es importante que las respuesta en frecuencia sea lo más plana posible, sobre todo en un rango entre 40Hz y 19KHz aproximadamente. Antes de comenzar a mezclar, es importante acostumbrarse al sonido de desde nuestros altavoces y nuestra sala de control. Un buen ejercicio para ello es escuchar cómo suenan aquellas canciones comerciales que conozcamos bien a través del sistema de escucha que vayamos a utilizar.

Otra idea fundamental que debemos tener clara es que la música que mezclemos va a ser escuchada por el público por sistemas de altavoces muy variopintos. Normalmente casi nadie escucha música a través de un sistema de altavoces profesional. Las canciones que salgan de nuestro estudio van a ser finalmente reproducidas a través de altavoces pequeños, móviles, equipos de alta fidelidad, en automóviles, discotecas y auriculares de toda clase. Aunque los monitores de respuesta plana sean nuestra principal referencia, es totalmente recomendable (incluso fundamental) escuchar el resultado a través de los equipos más diversos, desde los más profesionales hasta los más económicos. Las mezclas más eficientes son aquellas que conservan los elementos más importantes en las condiciones de reproducción más diversas.

¿Por dónde empezar una mezcla?

Una vez tengamos bien ajustado nuestro sistema de escucha y contemos con una buena referencia, nos surgirá la siguiente cuestión: ¿por dónde empezar a trabajar? Durante la mezcla de una canción hay distintos elementos que entran en juego: ecualización, niveles, panoramas, efectos de sonido, compresión, etc. Un mínimo de organización nos será de gran ayuda a la hora de ordenar frecuencias, buscar espacios, aplicar efectos y vigilar la dinámica de la obra musical.

Los distintos elementos son partes de un todo. Por tanto, no tiene sentido trabajar cada pista independientemente sin tener en cuenta la obra en su conjunto. Tampoco se sigue una hoja de ruta precisa ni existe una receta mágica con los pasos a seguir ordenados jerárquicamente. Todo lo contrario. Los procesos están interrelacionados y se aplican siguiendo una pauta natural en busca del equilibrio en la que son normales las revisiones y los retoques continuos.

Un ejercicio que nos será de gran ayuda para saber por dónde debemos comenzar es diseccionar los distintos elementos de la obra musical. ¿Cuáles son los elementos estructurales? ¿Cuáles son los principales? ¿Cuáles los secundarios?

Por regla general, una obra musical está compuesta por una base rítmica, instrumentos principales, instrumentos de acompañamiento, adornos y ambientes. Sobre todo en lo que a música popular se refiere.

▷ Base rítmica (bajo, batería, percusión, bases, etc.).

▷ Instrumentos principales (voz e instrumentos solistas).

▷ Instrumentos de acompañamiento (guitarras rítmicas, piano, teclados, etc.).

▷ Adornos (coros, decoros puntuales, etc.).

▷ Ambientes (colchones, efectos de sonido, etc.).

Una vez identificados estos elementos lo más recomendable es empezar buscando un equilibrio entre el instrumento principal y la base rítmica. Si por ejemplo estamos mezclando el disco de un cantante melódico, lo primero que debemos ecualizar, comprimir y ajustar será la voz principal, que es el elemento que define la producción. A partir de ahí el siguiente paso es lograr una cohesión lógica con la base rítmica.

Los elementos de más peso de la base rítmica son el bajo, el bombo y la caja. Lo más problemático es que las frecuencias graves del bajo y el bombo no se molesten entre sí. Debemos procurar que ambos instrumentos suenen compenetrados, que tengan cada uno su espacio armónico, que guarden una relación lógica. Una vez conseguido el equilibrio entre el instrumento principal y la base rítmica, se irán añadiendo el resto de instrumentos de acompañamiento, para finalizar con adornos y ambientes.

▶ Comenzar con el instrumento principal.

▶ Seguir con la base rítmica buscando siempre el equilibrio con el instrumento principal.

▶ Añadir instrumentos de acompañamiento.

▶ Añadir adornos y ambientes.

▶ El truco de comenzar la mezcla en mono

En el proceso de mezcla la búsqueda de espacios es lo esencial. Todos los instrumentos deben estar ordenados de forma equilibrada en favor del conjunto de la obra musical. Cada elemento debe ocupar una posición lógica tanto en el espectro de frecuencias como en el plano tridimensional sugerido. Antes de utilizar los panoramas y colocar cada elemento en el estéreo, suele ser muy útil comenzar nuestras mezclas en mono para conseguir un sonido más compacto a nivel general. Una vez ordenados todos los elementos en el espacio mediante ecualización, niveles y reverberación, tendrán una relación más lógica cuando posicionemos los distintos instrumentos en estéreo. Los retoques a aplicar a continuación serán mucho menos laboriosos.

▶ Mezcla 'In the Box' y mezcla 'Out the Box'

Una mezcla ITB (*In the Box*) es aquella que se realiza exclusivamente dentro del propio secuenciador de pistas con software de emulación. Por razones obvias es la técnica más frecuente dentro del ámbito del home studio. Aunque también se emplea cada vez más a niveles comerciales, es imprescindible que el ingeniero de mezclas tenga los conocimientos suficientes para llegar a un mínimo de calidad óptimo.

En una mezcla OTB (*Out the Box*) utilizamos equipos externos como compresores, procesadores de efectos, ecualizadores, etc. Con esta técnica buscamos mayor calidad de sonido mediante herramientas específicas, por tanto requiere de un mayor presupuesto. Está directamente relacionada con la era analógica. No obstante no es necesario que todos los equipos externos sean analógicos para que una mezcla sea considerada *out the box*, ya que en la actualidad existen procesadores del más alto nivel tanto digitales como analógicos.

Ecualización durante la mezcla

De todos los procesos que intervienen en una mezcla, el más delicado y difícil de manejar con maestría es el de la ecualización. Conseguir que los elementos de una obra musical tengan cohesión armónica entre sí y suenen de forma natural es una labor que requiere un oído entrenado y años de experiencia. Una mala ecualización puede arruinar completamente cualquier mezcla.

Los principales objetivos de la ecualización son el posicionamiento de los instrumentos en el espacio armónico y la corrección de posibles errores que hayan podido causarse por una mala grabación o interpretación.

Ordenar los elementos en el espectro de frecuencias

En una mezcla todo el espectro audible (entre los 20Hz y los 20KHz aproximadamente) debe estar bien representado. Para ello procuraremos que los diferentes elementos que componen la obra musical mantengan su espacio y equilibrio en todo el rango de tonalidades. La ecualización nos sirve para atenuar o reforzar las frecuencias más importantes de cada instrumento para que la mezcla tenga sentido en su conjunto. A la hora de tratar instrumento por instrumento nunca debemos perder de vista que una obra musical debe funcionar como un único bloque donde cada elemento esta interrelacionado.

Durante la ecualización hemos de procurar que los instrumentos estén bien empastados los unos con los oros, que cada elemento de la orquesta ocupe su lugar en el espacio de frecuencias. Nunca deben solaparse unos con otros (algo que ocurre muy a menudo entre el bajo y el bombo).

Por debajo de los 40Hz aproximadamente no existe información sonora útil. Lo más frecuente es realizar cortes radicales en torno a ese espacio para evitar posibles interferencias. Estos cortes además se suelen aplicar en cada pista, normalmente en las frecuencias que no son las representativas de cada instrumento según su rango tonal. Por ejemplo, en el caso de la los platos de batería, las frecuencias más graves no suelen aportar nada. Deshaciéndonos de estas frecuencias lograremos que el resultado final no se vea enturbiado.

Aplicar correcciones de tono

Cuando contamos con tomas bien grabadas y, sobre todo, bien ejecutadas, la ecualización surge de una manera más lógica y natural. Es más fácil mezclar un tema cuando la música está bien grabada e interpretada. En este sentido la ecualización es una herramienta correctora muy sutil. Sin embargo, cuando una toma no está bien grabada, nos encontramos con sonidos deficientes que han de ser corregidos de forma mucho más evidente mediante el uso de la ecualización.

Ecualización creativa

También hay hueco para la experimentación durante el proceso. La ecualización puede ser usada como una herramienta al servicio de nuestra creatividad e imaginación. Alterando las frecuencias podemos dar a cada instrumento un carácter y un color determinado. Por último, no debemos olvidar que la ecualización no sigue unas reglas fijas. Todo depende de lo que busquemos en cada caso y de cómo esté grabada la toma. Por eso la mejor guía para ecualizar una pista con éxito está en nuestros propios oídos.

Ecualización por instrumento

Hemos de aclarar que la principal guía para ecualizar un instrumento deben ser nuestros propios oídos. A continuación repasamos las frecuencias más importantes de los instrumentos más comunes a modo meramente orientativo. Todas estas indicaciones son relativas, pues el espectro de frecuencias de cada toma depende del modelo del instrumento, del material, del tamaño, de los micrófonos que se han utilizado, de la sala donde se ha grabado y del músico que ha interpretado las tomas.

▶ **Bombo:** El bombo de la batería es junto con el bajo uno de los elementos más complicados de ecualizar. La razón es que ambos instrumentos comparten buena parte de su rango de frecuencias, localizadas sobre todo en espectro más grave. Ambos instrumentos deben sonar de forma nítida, sin estorbarse el uno al otro. El grosor del bajo se encuentra entre los 50Hz y 100Hz. Aunque un bombo comienza a sonar a partir de los 30Hz o 40 Hz, en la práctica por debajo de los 45Hz no hay ninguna información sonora que podamos aprovechar, por lo que por regla general es recomendable aplicar un recorte extremo (un filtro pasa alto) que elimine las frecuencias más graves a partir de esa zona. Entre los 200Hz y los 500Hz nos encontramos con el color del bombo, donde escucharemos un sonido acartonado que normalmente es recomendable atenuar. Frecuentemente no nos interesa ese sonido tímbrico tan característico del bombo, sino su peso en graves que le dé solidez a la estructura del tema en su conjunto. Por último, la pegada de la batería (es decir, el sonido del martillo golpeando el parche) está en torno a los 3kHz y 6kHz. Este sonido es muy importante, pues es el que marcha la pauta, el que define los golpes del bombo.

▶ **Bajo eléctrico:** El bajo es un instrumento con una gran carga de frecuencias, aunque las más aprovechables suelen estar por debajo de los 200Hz y 300Hz. A partir de los 300Hz hacia arriba nos encontramos con los armónicos de las notas del bajo. Dicho esto, el grosor del instrumento está entre los 50Hz y 80Hz. Es muy común reforzar ligeramente dichas frecuencias con cuidado de que quede bien empastado con el bombo. El color del bombo suele estar entre los 120Hz y los 300Hz. En torno a los 250Hz y 500Hz este instrumento posee un sonido de caja de cartón que es recomendable atenuar. El ataque del bajo está en torno a los 700Hz. Por último, el sonido de la púa y de la técnica slap está entre los 2kHz y los 6kHz.

▶ **Caja:** La caja es un instrumento muy importante dentro de una batería, sin embargo no tiene frecuencias aprovechables por debajo de los 100Hz o 125Hz. El cuerpo de la caja suele estar dependiendo del modelo los 150Hz y los 300Hz. Entre los 800Hz y los 1Khz este instrumento tiene un sonido acartonado que a veces es recomendable atenuar. Las resonancias metálicas se sitúan entre los 2kHz y los 5kHz, mientras que el ataque está entre los 5kHz y los 8 kHz. Estas frecuencias son muy importantes porque aportan pegada a la caja. El brillo lo tenemos en las frecuencias más agudas, en torno a los 10Khz. Cabe destacar que, dependiendo de la sonorización que hayamos empleado para grabar la batería, el color y el brillo de la caja van a quedar recogidos con los micrófonos aéreos. En ocasiones tan solo debemos aportan un poco de presencia a la mezcla con la ecualización de la microfonía de refuerzo.

▷ **Timbales:** El grosor del timbal de suelo suele estar entre los 80Hz y los 200Hz, mientras en el resto de timbales puede estar entre los 250Hz y los 500Hz aproximadamente. Para ecualizar los timbales suele ser interesante reforzar las frecuencias más graves, y atenuar el sonido acartonado que se sitúa normalmente en tornos a los 500Hz. El ataque del timbal de suelo están entre los 2Khz y los 5kHz, en el resto oscila entre los 4kHz y los 7kHz.

▷ **Platos:** El de los platos en un caso particular. En primer lugar, dependiendo de nuestra filosofía de grabación, podemos haber registrado su sonido a través de micrófonos aéreos o a través de micrófonos de proximidad. Por otro lado, el sonido de los platos suele haber sido captado por el resto micrófonos, por lo que en ocasiones tan solo aportamos un poco de brillo y presencia. También es habitual en estos casos aplicar recortes muy extremos sobre los platos (en torno a los 700Hz y los 900Hz) para quedarnos con su registro más agudo y dejar que el resto de instrumentos ocupen el resto de frecuencias graves, medias y medio-agudas. En otras ocasiones ocurre justo lo contrario: los micrófonos aéreos se utilizan como la referencia principal de la batería y el resto de micrófonos nos sirven para aportar presencia a los otros elementos. Sea como sea, la presencia de los platos está en torno a 1kHz y 2khz. El brillo se encuentra en el extremo agudo alrededor de los 10kHz y los 12kHz.

▷ **Guitarra eléctrica:** La guitarra eléctrica es un instrumento complejo de ecualizar. Existe una amplia variedad de sonidos, timbres, modelos, efectos, distorsiones, colores y estilos. Proponer generalizaciones en cuanto a su ecualización es siempre muy peliagudo. Aun así el grosor de estas tomas de guitarra suele estar en torno a los 300Hz y 500Hz. Es recomendable aplicar un corte por debajo de los 80Hz o los 100Hz. El peso de las frecuencias graves de las guitarras eléctricas nunca debemos buscarlo en ese rango, pues colapsaría con el bajo y el bombo y enturbiarían la mezcla. La presencia suele estar entre los 1kHz y los 2kHz.

▷ **Guitarra acústica:** El grosor de las guitarras acústicas suelen estar entre los 80Hz y los 150Hz, mientras que el cuerpo está en torno a los 200Hz y los 300Hz. No suele ser aconsejable enfocar todo este espectro grave como un todo, sino buscar un equilibrio entre ambos cuidando siempre de no entorpecer el sonido del resto de instrumentos. La presencia de la guitarra acústica podemos encontrarla en torno a los 2kHz y los 5kHz, mientras que el aire y el sonido de púa (que aportan mayor naturalidad a la toma) están en los 5kHz y los 10kHz. Es importante buscar un sonido redondo y huir del sonido metálico e hiriente de las guitarras acústicas.

▷ **Voz:** La voz humana posee un rango de frecuencias inmensamente amplio y complejo. El grosor de la voz está situado en torno a los 150Hz y los 200Hz. Ahí están las frecuencias que definen el timbre del cantante en cuestión. Las vocales están situadas entre los 300Hz y los 1.5kHz, mientras que las consonantes están entre los 1.5kHz y los 4kHz. Tenemos que tener especial cuidado con las eses silbantes, situadas entre los 4kHz y los 7kHz. El aire y el brillo de la voz está en el espectro agudo, por lo que a veces podemos reforzar en torno a los 10kHz y los 15kHz.

Limpiando las pistas con puertas de ruido

Según el estilo musical en el que estemos trabajando puede ser muy recomendable eliminar los posibles ruidos que se hayan podido plasmar durante la grabación: ruido de cinta, ambientes, golpes innecesarios. Normalmente se suelen usar puertas de ruidos. Estos dispositivos (que normalmente en el ámbito del home studio utilizaremos en forma de *plugins*) que son procesadores de dinámica que atenúan la señal cuando el volumen no supera un umbral determinado. Por ejemplo, si tenemos una pista de bombo donde se nos han colado vibraciones molestas de otros instrumentos, podemos silenciarlas o atenuarlas mediante una puerta de ruido. El resultado es que dispondremos de una pista de bombo donde tan solo suena el bombo. Para ello deberemos localizar el nivel que alcanza el sonido cuando el bombo es ejecutado e indicar a partir de qué decibelios la puerta de ruido deja pasar la señal.

¿Es indispensable la utilización de puertas de ruido? Depende de los resultados que queramos obtener, de la esencia de la producción musical. Si por ejemplo queramos conseguir un sonido de batería acústico y clásico, hacer un uso excesivo de la puerta de ruido puede ir en contra de nuestros propósitos. Para que la obra musical conserve naturalidad es deseable que el corte no sea demasiado radical.

Compresión durante la mezcla

Los compresores se han convertido en una de las herramientas más utilizadas en la producción musical a partir de su introducción a finales de los cincuenta. La compresión cumple un doble objetivo durante el proceso de mezcla: nos ayuda a nivelar la señal de los distintos instrumentos y a controlar la dinámica general del tema.

Al igual que ocurre con la ecualización, su uso es un proceso delicado que requiere oído y experiencia. El nivel de compresión normalmente viene marcado por el propio género musical. En algunos estilos se emplea de forma muy sutil mientras que en otros se busca una compresión más evidente. Siempre hemos de comprimir las señales con lógica para no arruinar la dinámica de un tema. La compresión puede marcar la diferencia cuando se usa con criterio, pero también puede estropear una mezcla si se utiliza de forma desmedida.

> **Nivelar la señal:** Algunos instrumentos por propia naturaleza no mantienen una dinámica constante. Uno de los ejemplos más habituales es el de las pistas de voz. Normalmente un cantante no interpreta las notas de una melodía al mismo volumen,

sino que va modulando su voz con variaciones de intensidad. Para que la melodía no quede desdibujada cuando suene junto al resto de instrumentación, en la mayor parte de los casos necesitaremos controlar estos altibajos y atenuar las zonas más acentuadas mediante la compresión.

▷ **Control de dinámica general:** Otro de los usos típicos de los compresores está en el control de la dinámica general del tema. A veces se suele aplicar una compresión muy suave en todas las pistas para procurar que ninguna sobrepase un determinado volumen en exceso. En otras ocasiones, además, se acostumbra a mezclar con un poco de compresión en el master principal para lograr un efecto pegamento entre los elementos de la mezcla.

▷ **¿En qué instrumentos usamos una mayor compresión?** El uso de la compresión no tiene reglas escritas, pero por regla general suele ser muy frecuente aplicarla en los instrumentos principales, sobre todo en casos particulares como la voz. También es muy común emplearla en el bajo, el bombo y la caja para lograr una base rítmica con pegada.

▶ **Parámetros básicos**

▷ El umbral (*threshold*) a partir del cual consideramos que el compresor debe empezar a limitar la señal. Normalmente se mide en decibelios.

▷ El ratio, que ajusta el nivel de la compresión la compresión con respecto a la señal que supera el umbral especificado. Los niveles pueden ir van desde 1:1, donde el compresor deja pasar todos los decibelios, hasta 12:1, donde de cada 12db el compresor solo deja pasar 1db (limitando el resto).

▷ Otros parámetros habituales según el modelo del compresor son el ataque, el decaimiento o la ganancia.

▶ **La compresión paralela**

En ocasiones es probable que necesitemos comprimir una señal pero queramos conservar la dinámica natural del instrumento. Una de los métodos más utilizados para conseguir esto es la compresión paralela. Esta técnica consiste en duplicar la señal de una o varias pistas. A continuación comprimimos exageradamente una de las copias y dejamos la pista original intacta sin ningún tipo de compresión. El resultado es que tendremos una pista con una compresión extrema, junto a otra pista que conserva toda la dinámica original. De este modo podemos equilibrar ambas pistas y calibrar la compresión modificando la relación de niveles entre ambas.

 ## Ordenando el espacio: niveles, panoramas y reverberación

En la mezcla el espacio juega un papel determinante. Uno de los principales objetivos durante este proceso es que todos los elementos de la obra musical estén bien ordenados en el espectro de frecuencias, en el rango dinámico de cada instrumento y, por último, en los diferentes planos que conforman la unidad musical. Imaginemos todos los componentes de una orquesta de música instrumental. El instrumento principal (por ejemplo, una guitarra clásica) ocupa un lugar específico sobre el escenario, normalmente en el centro delante del resto de los instrumentos. El resto de secciones también ocupan su espacio, tanto a nivel de profundidad (cercanía / lejanía) como a nivel panorámico (izquierda / derecha). Esta jerarquización no es un capricho, responde a fenómenos acústicos concretos para dar sentido a la orquesta en su conjunto.

Podemos y debemos imitar este proceso durante la mezcla. Los niveles, los panoramas y la reverberación nos ayudarán a crear un efecto tridimensional y a lograr que los instrumentos no se enmascaren los unos con los otros.

▶ Niveles

El primer elemento que juega un papel determinante a la hora de jerarquizar los diferentes planos de una obra musical está en los niveles de cada instrumento. Cuanta más intensidad tenga una pista, más importante será el plano en el que está situado. A efectos prácticos es preferible que la voz, y los elementos principales de la base rítmica suenen a un nivel superior que el resto de instrumentos.

▶ Reverberación

El principal objetivo de la *reverb* durante el proceso de mezcla es el de añadir profundidad a los diferentes elementos. Si volvemos al ejemplo de la orquesta, los instrumentos que están situados fondo de la sala contarán con mayor reverberación natural. Por eso cuando en la sala de mezclas añadimos reverberación a un instrumento, estamos situándolo virtualmente más lejos respecto al oyente.

▶ Panoramas

Con el efecto panorámico repartimos los distintos elementos de la mezcla en el espacio. Cuando trabajamos en estéreo, como suele ser habitual, debemos lograr que cada instrumento esté correctamente situado de izquierda a derecha para lograr una perspectiva panorámica de la pieza musical. El truco está en imaginar la disposición de los distintos instrumentos sobre el escenario y plasmarlo en nuestra mezcla.

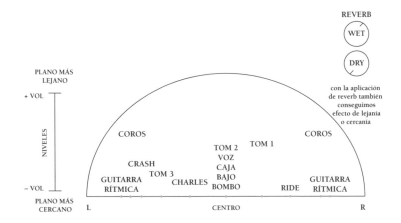

En la colocación panorámica estándar habitualmente los instrumentos principales se sitúan en el centro con el fin de destacarlos sobre los demás. Además aquellos elementos donde las frecuencias bajas son predominantes (bajo eléctrico, contrabajo, bombo, etc.) suelen estar centradas. No obstante esto no ha sido siempre así y es habitual escuchar producciones antiguas con panoramas mucho más arriesgados.

La base rítmica, y la batería en particular, es un caso especial que ha sufrido muchas modificaciones a lo largo de la historia. En muchas producciones de los años sesenta, con el nacimiento del estéreo y de la grabación por pistas, podemos escuchar baterías totalmente situadas a alguno de los dos lados del espectro panorámico. Con el tiempo se terminó imponiendo el centro como espacio natural de la base rítmica. Por otro lado, en los años ochenta este panorama se empezó a distribuir los diferentes instrumentos de la batería de forma mucho más abierta. Esta moda se acabó convirtiendo en el estándar hasta buena parte de los noventa. Actualmente tenemos dos formas habituales de encarar las panorámicas de una batería: una con un panorama totalmente abierto y otra más centrada para dejar más espacio a otros instrumentos en los laterales.

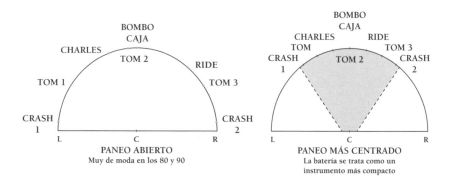

Otros efectos de sonido

Los efectos de sonido son determinantes a la hora de enriquecer una mezcla y, sin duda, uno de los elementos más creativos dentro de todo el proceso. Dependiendo del uso que hagamos de ellos, podemos llevar una pieza musical a su máximo esplendor. Este uso está en cierta medida determinado por el estilo musical y por tipo de producción en el que estemos trabajando. Hay géneros en los que un empleo excesivo de efectos puede jugar en contra de la naturalidad de un tema, y otros en los que sin duda marcan la diferencia.

Según el método que empleemos a la hora de aplicar los distintos efectos, podemos encontrarnos con efectos mediante envíos y efectos mediante inserción.

▶ Efectos aplicados mediante envío auxiliar

En la mayoría de las ocasiones se trata del método más habitual. En estos casos enviamos la señal desde un canal a un procesador de efectos. El procesador nos devuelve la señal procesada con el efecto. El nivel del efecto es ajustable y será el resultado de la suma entre la señal de retorno procesada (*wet*) y la señal original (*dry*). Esta técnica suele utilizarse habitualmente para efectos estéreo como *reverb*, *delay* o el *chorus*.

Si trabajamos con envíos auxiliares, podemos utilizar un mismo procesador de efectos para añadir distinta cantidad de señal procesada en distintos canales al mismo tiempo. En el ámbito del home studio lo más frecuente es que no dispongamos de un procesador de efectos como tal, sino de software de emulación que utilizaremos integrado dentro del propio secuenciador de pistas.

▶ Efectos aplicados mediante inserción

En este caso el efecto se aplica a toda la señal en su conjunto. El efecto altera la señal antes de que esta sea procesada. La señal procesada no se suma a la señal original para calibrarse. Si trabajamos mediante insertos necesitaremos un procesador (o *plugin*) para cada canal por separado. Cuando trabajamos con equipos analógicos y/o procesadores externos las inserciones son muy frecuentes en compresores, puertas de ruido o ecualizadores.

Cuando trabajamos enteramente dentro del propio secuenciador con software de emulación son frecuentes más aplicaciones: emuladores de amplificadores de guitarra y cualquier ejemplo donde no nos interese configurar el nivel de efecto mediante la suma de la señal limpia y la señal procesada.

Masterización

La masterización es el broche final de una producción musical. Si lo realizamos a un nivel más amateur, más maquetero, puede ayudarnos a conseguir que nuestras grabaciones alcancen un sonido más potente. Pero es a nivel profesional cuando este proceso cumple todos sus propósitos. El mastering profesional consigue elevar una producción a los parámetros del mercado.

¿Cuáles son los objetivos principales de la masterización?

▶ Corregir las posibles carencias que puedan contener las mezclas.

▶ Garantizar que los temas que conforman un proyecto tengan un sonido coherente entre sí. Garantizar que el sonido se reproduzcan de la forma más homogénea posible en los equipos más variados.

▶ Ganar un poco de volumen extra si es necesario.

Durante esta fase se procesa el sonido de la mezcla final de forma encadenada mediante distintas técnicas. Normalmente consiste en ecualización, compresión suave y una compresión final más radical para limitar los picos del audio (e impedir que la señal llegue a saturar). A veces también se aplica una normalización si el volumen de la mezcla no es el adecuado. No obstante, los elementos de la cadena de masterización pueden variar dependiendo del caso.

A continuación mostramos una cadena clásica de masterización:

Es importante señalar que la masterización es un proceso delicado. Por esta razón es siempre deseable que sea realizado por manos profesionales para completarse con éxito. Evidentemente podemos practicar en casa mediante software de edición de sonido. Pero si queremos obtener buenos resultados, este es un proceso que se ha de efectuar en salas de control, altavoces y equipos especializados.

Si un buen *mastering* marca la diferencia en calidad para que una obra pueda ser explotada comercialmente, una masterización mediocre puede arruinar completamente todo el trabajo hecho hasta ahora.

8

ÚLTIMAS RECOMENDACIONES

La música es más importante que la grabación en sí

En el mundo de la grabación prestamos atención a una abrumadora cantidad de conceptos técnicos que al final pueden acabar haciendo sombra a lo verdaderamente importante: la música. Todos los avances tecnológicos que actualmente tenemos a nuestra disposición son solamente herramientas que nos ayudan a crear. No lo olvidemos.

Ensaya bien las canciones antes de grabarlas

Son muchos factores los que influyen en la calidad final de una grabación. Pero sin duda la más importante es la propia interpretación musical. La producción es una cadena donde el resultado final está determinado por el eslabón más débil. Hay que procurar que ese eslabón nunca sea la ejecución musical. De nada sirve contar con la mejor tecnología, las mejores salas de grabación, la mejor microfonía y el mejor ingeniero de sonido si al final los músicos que interpretan la obra musical no dan la talla.

No busques la perfección

Durante cualquier producción es muy frecuente que nuestro nivel de autoexigencia se amplíe a límites insospechados. La autocrítica es siempre positiva, pero no debemos llegar a excesos. Es muy fácil que durante el proceso de grabación encontremos el error en el mínimo detalle, en busca de la perfección. Pero lo cierto es que no existe ni la afinación perfecta ni la ejecución perfecta. Puedes comprobarlo en tus momentos de descanso con un sencillo ejercicio. Escucha discos y canciones que te han inspirado para producir tu proyecto. Si prestas atención comprobarás que en la mayoría de los temas se suele primar la expresividad ante la perfección. Al fin y al cabo la música es un lenguaje humano.

Tómate un descanso

En el día a día de una producción llega un punto en el que se produce una mezcla explosiva entre autocrítica y fatiga auditiva. Son en esos momentos cuando todo lo grabado parece estar desafinado, fuera de ritmo o, sencillamente, mal. También puede ocurrir todo lo contrario: tomas que nos parecen maravillosas, pueden no serlo realmente. Cuando trabajamos durante tantas horas, podemos acabar engañándonos a nosotros mismos por culpa de la fatiga auditiva. Por estas razones es más que recomendable tomarse descansos de forma periódica para refrescar nuestros oídos y nuestras ideas.

Intentar escuchar tu música desde una visión externa

Si no contamos con la presencia de un productor que tenga una visión general de nuestro proyecto, somos nosotros los que debemos tomar las decisiones. Siempre es una buena idea contar con opiniones externas cualificadas. Si no es así, podemos intentar ponernos en el lugar del oyente y escuchar nuestra música como si fuera la primera vez. Para hacer esto lo ideal es dejar pasar un tiempo de reposo antes de volver a escuchar nuestras tomas.

Vigilar bien los gastos y no comprar equipos a la ligera

Cuando contamos con presupuestos ajustados es fundamental que no se nos vaya la mano a la hora de adquirir equipos. A partir de cierta gama, los precios suben en una medida desorbitada. No tiene sentido gastar demasiado dinero en equipos de gama alta si no disponemos de las condiciones ambientales para sacarles partido. Podemos lograr resultados profesionales con equipos de una calidad/precio razonable, siempre que dispongamos de los conocimientos suficientes. Del mismo modo, la carencia de ciertos equipos no es una excusa para no desarrollar nuestro talento. Recuerda que grandes discos de la historia de la música se grabaron con tecnología que hoy en día consideraríamos limitada. Actualmente existen equipos de gama media con una calidad suficiente como para comenzar a trabajar.

Guíate con tus propios oídos

En el entorno de la grabación musical no hay reglas, solamente consejos. Aunque la teoría nos indique una serie de pautas que seguir, al final nuestros propios oídos deben ser el principal baremo (siempre que dispongamos de un sistema de escucha adecuado).

CÓMO GRABAR UN VÍDEO MUSICAL

9

PRIMERAS
CONSIDERACIONES

Al igual que ocurre con la grabación musical, los sistemas digitales han abaratado considerablemente los costes de producción audiovisual en los últimos años. Hoy en día los equipos audiovisuales semiprofesionales nos permiten grabar nuestro propio vídeo a precios mucho más accesibles. En relación calidad precio, los niveles de calidad también han ascendido considerablemente. Tenemos a nuestra disposición multitud de herramientas para hacerlo, desde tecnología relativamente más precaria como un teléfono móvil hasta equipos más sofisticados como una cámara DSLR con capacidad para grabar vídeos en Full HD. En definitiva, podemos realizar por nuestra cuenta producciones audiovisuales con resultados decentes según los niveles de calidad que queramos alcanzar.

Pero este panorama tampoco es la panacea. Debemos ser realistas. La producción audiovisual sigue siendo un proceso complejo donde necesitaremos un nivel de especialización elevado que, en la mayoría de los casos, no podremos alcanzar sin ayuda de personal cualificado. Por tanto, si queremos obtener resultados profesionales lo más recomendable acudir a manos expertas. No podemos grabar el videoclip de «Thriller» de Michael Jackson con un teléfono móvil en el salón de nuestra casa, pero sí realizar contenidos aceptables para compartir en redes sociales. Tampoco podemos grabar un concierto multicámara sin contar con el equipo técnico y humano necesario, pero sí una pequeña sesión en acústico. La buena noticia es que entre ambos extremos hay todo un espectro de posibilidades.

Antes de ponernos como locos a grabar vídeos, hay diversas consideraciones que debemos tener en cuenta. Conocerlas nos permitirá realizar nuestros vídeos con conocimiento de causa:

- ¿Hasta dónde queremos llegar? ¿Hasta dónde podemos llegar?

- ¿Qué tecnología necesitaremos en función de los resultados que
queremos obtener?

- ¿Qué nivel de producción es realista dentro de nuestras posibilidades?

- ¿Qué distintas funciones debemos asimilar para la realización
de nuestro vídeo?

- ¿Es posible realizarlas por nuestra cuenta o debemos contar con
profesionales externos?

- ¿Qué equipo humano está a nuestro alcance? ¿Con qué personal
contamos?

Niveles de producción

Siempre es idóneo que nuestras producciones audiovisuales tengan el
mejor perfil profesional posible. Sin embargo esto no siempre es fácil ni
posible. Por suerte, como comentábamos, hay muchísimo espacio entre
la grabación enteramente profesional y el vídeo amateur. Actualmente
ambos extremos tienen su espacio dentro de la promoción musical.
Cada día se comparten miles de vídeos que, aun contando con una calidad de producción más bien escasa, cumplen su función dentro del
ámbito de las redes sociales. Aquellos vídeos que poseen una factura
impecable, la otra cara de la moneda, son siempre bienvenidos (como
no podría ser de otra forma).

Pero independientemente del nivel de producción al que queramos
o posamos aspirar, no debemos descuidar la calidad técnica, creativa y
artística de un vídeo musical. El buen gusto no es una cuestión de equipos de alta o baja gama. Tanto si queremos grabar una actuación en una
sala de conciertos, una sencilla sesión en acústico, un videoclip o un
simple saludo a nuestros seguidores con el teléfono móvil, debemos
huir de vídeos mal sonorizados, mal iluminados y mal grabados.

Una vez tengamos estos parámetros básicos bajo control, estamos en condiciones para elegir el nivel de producción más adecuado según nuestras posibilidades y los resultados que queramos alcanzar.

Niveles bajos de producción

Como no podría ser de otra forma, la primera variable que debemos tener en cuenta a la hora de elegir el nivel de producción más adecuado a nuestros intereses es el presupuesto. Es muy probable que queramos realizar una grabación audiovisual (ya sea un videoclip o la grabación de un concierto) con los más altos niveles de calidad posible. Pero las cosas no son tan sencillas.

- ¿De qué tecnología disponemos?

- ¿Con qué equipo humano podemos contar?

- ¿Disponemos de recursos técnicos, humanos y económicos suficientes para realizar una grabación con baremos profesionales?

Las respuestas a estas preguntas no siempre son afirmativas, por lo que a veces no nos queda más remedio que ajustarnos el cinturón y ser realistas. Por suerte en ocasiones podemos permitirnos el lujo de grabar con pocos recursos. Existen muchísimos ejemplos de contenidos audiovisuales en los que está justificado un nivel de producción menor. Todos estos contenidos tienen algo en común: tienen un enfoque mucho más informal y desenfadado.

El ejemplo clásico de este tipo de contenidos con aquellos vídeos que utilizamos para fomentar la participación en redes sociales. Pongamos que estamos a punto de realizar un concierto y queremos saludar a nuestros seguidores desde el camerino. O quizá estamos en pleno proceso creativo y queremos enseñar una muestra de nuestra última canción. Efectivamente no es necesario que contratemos cuatro operadores cámaras, dos iluminadores y un secretario de dirección para grabar el último riff que hemos compuesto y subirlo a Facebook.

Este tipo de contenidos no persigue un nivel de producción demasiado ambicioso, pues son pequeños guiños, guindas promocionales, contenido de apoyo al resto de nuestra producción musical. A continuación proponemos algunos ejemplos donde está justificado un nivel de producción menor:

▶ Saludos a los seguidores.

▶ Anuncios de próximos eventos y concursos.

▶ Tomas sencillas de guitarra y voz.

▶ Ejemplos de ensayos.

▶ Pruebas de sonido.

Niveles altos de producción

En el otro extremo de la balanza tenemos aquellos contenidos donde resulta de vital importancia cuidar la factura final. Nunca debemos olvidar que la imagen que trasmitimos al público (tanto el público general y como el público profesional) deriva directamente de nuestros contenidos. En este sentido es necesario aspirar a un nivel de producción lo más profesional posible. Si nuestros contenidos son por regla general de factura informal y mediocre, estaremos transmitiendo una imagen informal y mediocre. Nuestros contenidos musicales, audiovisuales o no, son un acto de comunicación.

Los contenidos más representativos de nuestra carrera son aquellos que marcan el máximo de calidad técnica. Los que tienen el suficiente valor como para ser tomados en consideración como material oficial del artista, el equivalente audiovisual de una grabación musical destinada a ser editada profesionalmente.

A continuación repasamos algunos ejemplos en los que debemos cuidar especialmente los niveles de calidad.

Vídeos musicales con sonido directo

Conciertos, sesiones de grabación, ensayos, actuaciones sin público... Independientemente del tipo de contenido que queramos realizar, siempre es recomendable que los vídeos musicales en directo estén realizados con las mejores condiciones técnicas posibles. Al fin y al cabo este tipo de producción audiovisual no solo está destinada al público general, sino también son indispensables para dar a conocer el potencial de nuestras actuaciones a promotores y salas de conciertos.

Ni que decir tiene que dentro de esta categoría nos encontramos con niveles bien diferentes de producción. La complejidad de la grabación depende de factores musicales, logísticos, técnicos y humanos. Por ejemplo, si queremos grabar a un cantautor tocando una de sus canciones en un parque, necesitaremos muchísimos menos recursos técnicos y manos que si queremos grabar el concierto de una banda de rock en una sala de gran aforo. En ambas situaciones la grabación a nivel profesional es posible, sin embargo el primer ejemplo es menos complejo y costoso.

Videoclips

En esta categoría de producción audiovisual se pretende aportar valor visual a una grabación musical. El enfoque suele ser totalmente distinto al de un vídeo musical en directo. En cierto modo el videoclip es más libre, más experimental. Un videoclip no deja de ser un cortometraje, una obra de ficción con un claro factor promocional. Está dirigido al público general. Su objetivo es dar empaque a una canción, proporcionar un perfil profesional a un proyecto. Por esta razón no tiene sentido realizar este tipo de producciones sin prestar un cariño especial al resultado final.

Lyric vídeo

El lyric vídeo es el hermano menor del videoclip. El lyric vídeo tiene en la música grabada su razón de ser. Estas producciones menores nos sirven de refuerzo visual a canciones previamente grabadas en estudio, sin la complejidad de realizar un videoclip. Normalmente se trata de una imagen sencilla (a menudo una imagen fija) con la letra de la canción subtitulada.

Actualmente goza de un importante apogeo gracias a la distribución digital de música. Especialmente con la consolidación de plataformas como Youtube que, no lo olvidemos, es el reproductor de música en *streaming* más usado del mundo.

Teasers

Los *teasers* son vídeos que cuentan con menor duración que todos los mencionados. Por regla general se tratan de montajes reducidos de otros vídeos más largos, como pueden ser videoclips o vídeos en directo. En cierta medida cumplen la función del tráiler de una película. Un entremés para llamar la atención del público. Su duración no suele exceder de los 30 o 40 segundos.

Equipo humano necesario

Una vez que tengamos claro qué tipo de vídeo y qué nivel de producción necesitamos, el siguiente paso es decidir si queremos contratar un equipo humano para realizarlo o si queremos reclutar dicho equipo por nosotros mismos. El nivel de producción determina en buena parte la metodología de trabajo. Esto significa que en función de nuestro presupuesto, nuestros objetivos y del tipo de contenido que queramos obtener, podemos elegir entre cuatro caminos a seguir:

▶ Contratar los servicios de una productora audiovisual que realice el trabajo.

▶ Realizar íntegramente el contenido audiovisual con nuestros propios medios haciendo uso de nuestros contactos si es necesario.

▶ Coordinar nosotros el contenido audiovisual contratando a profesionales para que desempeñen alguna de las funciones vacantes que requieran de mayor especialización.

▶ Delegar totalmente la producción audiovisual a profesionales.

En este punto debemos ser siempre realistas. En las producciones más complejas y ambiciosas la especialización del trabajo es fundamental, por lo que será necesario contar con un mayor número de personas involucradas. Aunque en las producciones de menor presupuesto no es necesario contar con un equipo demasiado extenso, las pocas personas que colaboren para el que el proyecto llegue a buen puerto deberán asumir un mayor número de funciones y responsabilidades.

Es posible grabar entre dos personas la sesión acústica de un cantautor y lograr resultados aceptables. Al tratarse de un único músico es probable que intervengan menos cámaras. Dependiendo de si se trata de una grabación en exteriores o interiores, necesitaremos unas condiciones lumínicas u otras. En el primer caso la necesidad de focos de iluminación es menos frecuente, en el segundo indispensable. Si lo que queremos es grabar un concierto de una banda de rock encima de un escenario, las necesidades serán bien distintas.

Sea como sea, independientemente del equipo técnico y humano del que dispongamos para nuestra grabación, las decisiones de dirección, sonido, producción, decorados e iluminación han de ser asumidas por alguien. Además siempre será necesaria cierta jerarquía. A continuación repasamos las funciones indispensables que deberemos desempeñar, delegar o coordinar en la grabación de un vídeo.

 Funciones más importantes a tener en cuenta

¿Qué funciones desempeñan las personas involucradas en la grabación de un vídeo musical? ¿Cuáles son los departamentos básicos que participan en una producción audiovisual? Conocer la respuesta nos será de gran utilidad para configurar un equipo, tener claro cuántas personas son necesarias y, llegado el caso, decidir si es más conveniente contratar los servicios de profesionales externos o lanzarnos a la aventura.

Producción

En este departamento debemos diferenciar claramente entre la responsabilidad económica del proyecto y las labores de coordinación. A nivel económico, los productores ejecutivos son los encargados de financiar el contenido audiovisual. Al igual que ocurre con la música grabada, la financiación de un vídeo puede ser asumida por el propio artista o por terceras personas, por ejemplo una discográfica o agencia de management.

Pero el departamento de producción cumple un papel indispensable durante todo el proceso, desde la preproducción hasta la postproducción, pasando por la propia grabación del proyecto:

> ▶ En la fase embrionaria de un proyecto audiovisual la organización será necesaria para conseguir los mejores resultados de la forma más económica posible.

> ▶ Durante la grabación el departamento de producción ha de coordinar los equipos, procurar que todo funcione correctamente según lo previsto y solucionar los posibles contratiempos que puedan surgir.

> ▶ En la fase de postproducción este departamento debe apoyar al director en la coordinación de distinto personal involucrado.

En las producciones más complejas el departamento de producción cuenta con director de producción, jefe de producción, ayudantes, auxiliares, localizadores, etc.

Dirección

El director o realizador dirige toda la producción audiovisual en busca de la mayor calidad artística posible, de la que es el máximo responsable durante todo el proceso. En un vídeo musical su papel será decidir el encuadre, los planos y los movimientos de cámara, además de dirigir a los actores en el caso de que los hubiera. Las decisiones finales a nivel artístico corresponden siempre al director, en quien recae la toda la jerarquía.

En las producciones más modestas donde participa un equipo de personas reducido, la coordinación artística y técnica pueden recaer en la mismas personas, lo que en la práctica significa que los límites entre dirección y producción suelen estar muy difuminados cuando se carece de personal. En el otro extremo, las producciones más ambiciosas cuentan con ayudantes, auxiliares y secretarios de dirección entre otras figuras.

Fotografía

Este departamento es el encargado de elaborar las imágenes que formarán parte del vídeo, según las indicaciones del director. El director de fotografía es quien decide qué material fotográfico utilizar, qué objetivos de cámara, cómo iluminar una escena y qué composición es la más adecuada para plasmar en imágenes lo que el director tiene en la cabeza. En las producciones el director de fotografía es el jefe de un equipo donde también hay operadores de cámara, foquistas, auxiliares y técnicos de iluminación.

En realizaciones de presupuesto reducido estas funciones a menudo recaen sobre pocas personas. Por tanto nos podemos encontrar con grabaciones modestas donde la dirección de fotografía puede ser ejercida por un operador de cámara o por el propio director. En aquellos casos donde estemos grabando un concierto en una sala con iluminación propia, la dirección de fotografía debe procurar una óptima captación de la escena en coordinación con el personal técnico de la sala.

Sonido

En toda producción audiovisual un buen tratamiento del sonido es esencial para conseguir resultados con la máxima calidad. El caso de los vídeos musicales es más especial aun si cabe. Si se trata de un videoclip, nuestro trabajo consistirá en construir imágenes a partir de una obra ya grabada en un estudio. Esto quiere decir que en cierto modo podemos despreocuparnos del sonido. Pero si la grabación musical ha sido deficiente, el vídeo musical será una producción deficiente.

El reto mayor llega a la hora de sonorizar una grabación audiovisual en directo. En este caso seremos nosotros los que deberemos supervisar e incluso realizar la grabación.

Dirección artística

La dirección artística está relacionada con la calidad estética de lo que aparece en pantalla. Siempre supeditado a los del director, la función de este departamento es seleccionar y confeccionar el vestuario, construir los decorados, elegir el atrezzo, maquillar a los actores, etc.

Postproducción

Las personas que trabajan en postproducción son los encargados de montar las imágenes y mezclar el sonido del vídeo. Aunque ambas funciones están muy diferenciadas, especialmente en contenidos de tipo musical, el montador y el mezclador deben trabajar coordinadamente. En este departamento también debemos incluir a la persona encargada del etalonaje, es decir, del acabado final del vídeo y el equivalente visual de una buena masterización.

10

CAPTACIÓN DE IMAGEN

Antes de ponernos mano a la obra con la iluminación y el sonido, aspectos de los que hablaremos en los siguientes capítulos, es necesario seleccionar el equipo con el que vamos a grabar nuestra imagen, además del tipo de movimientos de cámara que queremos realizar y los diferentes tiros de cámara que emplearemos. Esto dependerá como siempre de las metas que nos hayamos marcado.

A la hora de captar imágenes en movimiento hay diversos elementos que entran en juego y que determinan las características propias del vídeo. Conocerlos nos ayudará no solo a elegir los dispositivos de grabación más adecuados según nuestros intereses, sino a grabar mejores imágenes. A continuación repasamos los principales factores a tener en cuenta.

Tipos de cámaras

No hay reglas fijas para seleccionar las cámaras con las que vamos a grabar nuestro vídeo. Como siempre nos encontramos con amplísimas gamas de calidad en los dispositivos de grabación de imagen. Por esta razón debemos seleccionar el equipo fotográfico en función de nuestros objetivos.

Hay varios elementos a tener en cuenta a la hora de elegir una cámara de vídeo u otra. En primer lugar debemos utilizar una cámara con el sistema de almacenamiento adecuado. La tecnología de grabación ha avanzado mucho, por lo que hoy por hoy es difícil que nos topemos en el mercado con cámaras con sistemas de almacenamiento como el disco duro, DVD o cintas como mini DV o VHS. No obstante, si deseamos alquilar una cámara o adquirirla de segunda mano, debemos saber que estos sistemas de almacenamiento se consideran obsoletos. Actualmente el estándar son las tarjetas de memoria.

En segundo lugar, debemos prestar especial atención a la calidad de grabación de la cámara. Esta variable está directamente relacionada con la resolución, la tasa de bits y los fotogramas por segundo que es capaz de grabar el dispositivo.

▸ **Resolución (HD, Full HD, 4k):** Desde hace algunos años la alta definición se ha impuesto en la grabación audiovisual. Actualmente una buena parte de los dispositivos son capaces de grabar con estos parámetros tan altos de calidad. Si trabajamos con HD en un formato panorámico estándar estamos grabando a una resolución de 1280x720 pixeles. Si lo hacemos con Full HD, estaremos trabajando a 1920x1080pixeles. El parámetro más alto de calidad está en el 4K, que alcanza los 3840x2160 pixeles.

▸ **Fotogramas por segundo:** Los fotogramas por segundo están directamente relacionados con la sensación de movimiento que percibimos a través del sentido de la vista. Se suele decir que el ojo humano procesa la información con a 24 fotogramas por segundo, lo cual no es del todo cierto. La realidad es que podemos apreciar sensación de movimiento a una tasa mucho menor, pero a partir de los 12 fotogramas por segundo la sensación de movimiento desaparece. La industria del cine estandarizó los 24 fotogramas por segundo, pues a una velocidad inferior las imágenes no se percibían con un movimiento fluido.

La mayoría de los dispositivos son capaces de grabar de con una velocidad óptima. A partir de los 25 fotogramas por segundo tenemos información más que suficiente para lograr vídeos de calidad, aunque si queremos grabar imágenes a cámara lenta necesitaremos más fotogramas.

▶ **Tasa de bits:** La tasa de bits tiene que ver con la capacidad de compresión y los datos por segundo que un dispositivo es capaz de almacenar. Este es un parámetro indispensable para saber la calidad con la que nuestra cámara grabará los fotogramas.

A la hora de decidirnos por una cámara u otra, debemos tener en cuenta que estos tres elementos funcionan de forma equilibrada. El que un dispositivo sea capaz de grabar a una definición de Full HD o 4K, no es una garantía de calidad de imagen. Dependiendo de su configuración y de sus capacidades técnicas, una cámara puede ser capaz de grabar en 4K con una tasa de bits muy elevada (como 50 Mbps), pero no ser capaz de pasar de los 16 fotogramas por segundo con esta configuración.

Por último, debemos fijarnos en otros elementos que determinarán la calidad del dispositivo, como la óptica que utiliza la cámara, su solidez de construcción, la facilidad o complejidad de manejo y el precio. Es importante señalar que los equipos más profesionales son más caros y difíciles de utilizar. Este tipo de dispositivos pueden conseguir imágenes de mejor calidad, pero no las garantizan. Una buena cámara no servirá de mucho en manos de un operador sin suficientes conocimientos técnicos y de composición fotográfica, mientras un buen operador de cámara puede aprovechar al máximo los equipos más modestos.

Diferentes tipos de cámaras

Smartphones

Aunque las especificaciones técnicas de estos dispositivos móviles no alcanzan grandes parámetros de calidad para una grabación profesional, existe una amplia variedad de contenidos audiovisuales que podemos realizar con un *smartphone*. Sobre todo aquellos con un perfil más informal y desenfadado, especialmente pensados para su difusión en redes sociales.

Cámaras domésticas

Las cámaras domésticas van un paso más allá. Están pensadas para el público general y el consumo doméstico en particular. Están construidas con materiales de peor calidad que las cámaras profesionales y semiprofesionales. Su precio suele ser muy económico y su manejo resulta fácil e intuitivo. Como punto negativo la calidad de grabación no siempre es la más adecuada, tienen pocas prestaciones y poseen una óptica muy limitada.

Será difícil grabar un videoclip ambicioso con una cámara doméstica, aunque nos puede servir para realizar otros contenidos que no necesiten un nivel de producción demasiado avanzado, sin caer en el perfil amateur de un vídeo realizado con un *smartphone*.

En esta categoría podemos incluir las cámaras para uso deportivo, especialmente las GoPro. Su óptica tipo ojo de pez puede utilizarse de forma muy creativa, aunque puede que no sea siempre fácil de encajar en el tipo de contenido que estamos buscando. Algunos de estos modelos son capaces de grabar vídeos con altos estándares de calidad, por lo que podríamos considerarlos dispositivos semiprofesionales.

Cámaras semiprofesionales

Las cámaras semiprofesionales poseen una construcción más robusta y son capaces de grabar vídeos a una mayor calidad. Normalmente estas cámaras no llegan a los parámetros de calidad de las altas gamas, aunque sin duda se acercan mucho y se pueden lograr grandes resultados con ellas. Una cámara semiprofesional a menudo es más que suficiente para lograr contenidos aptos para ser editados comercialmente y difundidos en circuitos más ambiciosos. Al igual que ocurre con la producción musical, muchos contenidos audiovisuales con un perfil profesional han sido realizados con equipos de esta categoría.

Dentro de la gama semiprofesional podemos destacar las cámaras DSLR, que han alcanzado un gran impacto en el mercado. Se trata de cámaras fotográficas reflex capaces de grabar vídeos en alta resolución. Se están convirtiendo en un estándar en muchos circuitos audiovisuales, al lograr calidades de grabación muy elevadas. Al tratarse de cámaras reflex podemos utilizar objetivos intercambiables, lo cual sin duda es una gran ventaja, ya que contamos con las virtudes de la óptica foto-gráfica.

Profesionales

Las cámaras profesionales se sitúan en la cúspide de la pirámide de la grabación de vídeo. Se utilizan en cine, publicidad y producciones au-diovisuales que requieren baremos de calidad muy elevados. Son cáma-ra de alto precio que cuentan con una construcción mucho más robusta que el resto de cámaras. Su manejo es muchísimo más complejo, solo apto para manos expertas.

Óptica

El sistema óptico de una cámara está formado por el objetivo y el sensor fotosensible. El objetivo es el elemento que direcciona la luz a través de una o varias lentes hacia el foco. Esta luz es registrada por un elemento fotosensible. En las cámaras cinematográficas tradicionales se trata de un carrete de película en movimiento. En el caso de las cámaras digita-les modernas se trata de un dispositivo construido con diferentes mate-riales denominado sensor de imagen.

> **Punto focal o foco:** Punto donde convergen los rayos de luz.

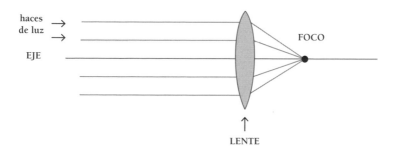

▶ **Plano focal:** Lugar donde es proyectada la imagen y captada por el sensor.

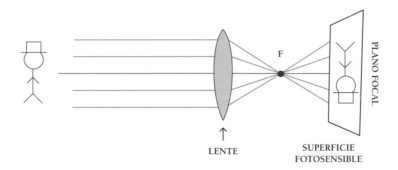

▶ **Distancia focal:** La distancia focal es la distancia entre el punto de foco y el centro óptico del objetivo. Esta distancia se mide en milímetros en los objetivos clásicos. Cuanto mayor es la distancia focal, el ángulo de la imagen será menor. El objetivo de 50mm es considerado un estándar, al ser el más cercano al ángulo de visión humana.

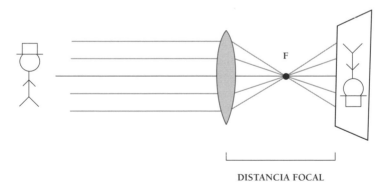

▶ **Diafragma:** El diafragma de una cámara o de un objetivo fotográfico imita el funcionamiento de la pupila humana. Se utiliza para regular la cantidad de luz que penetra dentro de la cámara. El mayor o menor uso del diafragma está intrínsecamente ligado a la sensibilidad a la luz del sensor (parámetro ISO), a las condiciones lumínicas del entorno y a la profundidad de campo que queremos obtener.

▶ **Luminosidad:** La luminosidad de un objetivo depende de la apertura del diafragma. A mayor apertura, mayor cantidad de luz y mayor luminosidad. Esta también depende de la construcción del objetivo, del número de lentes y sus características. Los objetivos más luminosos permiten capturar imágenes en condiciones lumínicas más adversas.

Diferentes tipos de objetivos

▶ **Ojo de pez:** Los objetivos ojo de pez pueden tener una distancia focal entre 6mm y 16mm. En este tipo de objetivos el ángulo de visión es muy elevado, alrededor de los 180 grados. Esto provoca que las imágenes se vean muy distorsionadas, con un efecto óptico muy peculiar que los caracteriza, similar a la mirilla de una puerta.

▶ **Gran angular:** En un gran angular la distancia focal se sitúa entre los 18mm y 35 mm. Esos objetivos siguen teniendo un ángulo muy elevado, entre 180 y 60 grados. Las imágenes obtenidas a través de un gran angular suelen presentar distorsiones en los márgenes del cuadro, sin llegar a los extremos de un ojo de pez.

▶ **Objetivo regular:** Los objetivos con una distancia focal situada entre los 35mm y los 85mm se consideran objetivos estándares, cercanos al ángulo de visión humana, en torno a los 45 grados. El más clásico es el 50mm.

▶ **Teleobjetivo:** Un teleobjetivo se utiliza para fotografiar motivos lejanos sin necesidad de acercarse. Como contraprestación suelen obtener imágenes muy planas, con poca profundidad de campo (es decir, con poca sensación de profundidad). El ángulo óptico está en torno a los 30 grados. Son objetivos con una distancia focal situada a partir de los 70mm.

▶ **Macro:** Un macro objetivo se utiliza para fotografiar objetos pequeños, a pocos centímetros de distancia.

▶ **Zoom:** Son objetivos con distancia focal variable, normalmente entre 24mm y 120mm. Nos permiten grabar o fotografiar con un gran angular, un objetivo regular o un teleobjetivo sin necesidad de cambiar de objetivo. Como contraprestación las imágenes suelen tener menos calidad que las obtenidas a través de objetivos de distancia focal fija.

Sensibilidad a la luz

La sensibilidad a la luz del sensor normalmente viene indicada con el parámetro ISO. Aunque este parámetro es una herencia de la fotografía analógica, lo seguimos utilizando para medir y calibrar la sensibilidad del sensores digitales.

50 ISO - 100 ISO - 200 ISO - 400 ISO - 800 ISO - 1.600 ISO - 3.200 ISO - 6.400 ISO

BAJA SENSIBILIDAD   ALTA SENSIBILIDAD

Los márgenes de sensibilidad a la luz suelen variar dependiendo del aparato. Un aparato que alcance unos 3.200 puntos de ISO nos permitirá a trabajar con poca luz. El principal inconveniente es que obtendremos imágenes con mucho más ruido. Por esta razón es siempre preferible grabar escenas bien iluminadas que nos permitan trabajar a una ISO reducida y obtener imágenes más limpias.

Composición de la imagen

Con la cámara tenemos el poder de seleccionar la parte de la realidad que más nos interesa. La composición de la imagen es un mundo creativo lleno de múltiples opciones. Existen composiciones más ortodoxas y otras más arriesgadas. Si no tenemos conocimientos básicos de fotografía debemos tener cuidado de no experimentar demasiado con la composición. A menudo lo que a nosotros nos parece vanguardista, en ojos ajenos puede parecer un sinsentido.

Antes de romper las reglas de la composición es necesario conocerlas y estar habituados a ellas. Una vez más, si no estamos capacitados para realizar el trabajo es más recomendable acudir a manos expertas.

A continuación repasamos otros consejos útiles a la hora de componer una imagen adecuadamente:

Regla de los tercios

Esta técnica fotográfica nos puede salvar de más de un apuro. Para efectuarla dividimos el encuadre en nueve partes con cuatro líneas divisorias imaginarias, dos verticales y dos horizontales. Los cuatro puntos de intersección nos sirven para colocar el motivo principal de la imagen. El centro de atención debe estar situado en alguno de estos puntos. La línea del horizonte, por su parte, puede estar situada en alguna de las líneas divisorias. Con la imagen en movimiento también podemos jugar con estas referencias.

Aunque esta regla no constituye ningún dogma, nos sirve para componer planos equilibrados. Podemos utilizarla para evitar errores comunes como centrar en exceso el motivo principal, o espacios demasiados pronunciados que rompan el equilibrio de la composición.

Encuadre

Existen tres encuadres generales.

> **Horizontal:** Es el encuadre más común proporciona una sensación de estabilidad en la imagen.

▶ **Aberrante:** Es aquel que presenta el cuadro de forma inclinada, lo que nos da una sensación de inquietud y movimiento.

▶ **Vertical:** Este tipo de encuadre no se ha de utilizar en imagen en movimiento.

Encuadre horizontal.

Encuadre aberrante.

Ángulo

La inclinación de la cámara respecto al suelo y al motivo que estamos filmando tiene un efecto subjetivo inmediato cara al espectador. Podemos hacer que un sujeto parezca insignificante con un plano cenital, mientras que con un plano contrapicado proporcionamos una sensación de magnitud. Según esta inclinación podemos diferenciar distintos tipos de ángulos fotográficos.

❱ **A nivel:** El ángulo a nivel es aquel donde la cámara no tiene ninguna inclinación. Es el más común de todos.

❱ **Picado:** En este tipo de ángulo la cámara se sitúa a un nivel superior del sujeto que está siendo filmado. Por tanto el sujeto aparecerá con una sensación de vulnerabilidad. Este tipo de plano también se utiliza de forma sutil en aquellos retratos en primer plano en los que queremos resaltar la belleza de una persona. En muchos casos se suele emplear un ligero ángulo de 45 grados por encima del sujeto. Cuando la cámara está totalmente perpendicular respecto al suelo hablaríamos de un plano cenital. Un ejemplo de esto lo tenemos en los planos a vista de pájaro.

❱ **Contrapicado:** Los ángulos contrapicados representan lo opuesto al concepto anterior. Con planos disparados desde abajo, por tanto la cámara se sitúa a un nivel inferior al sujeto. La sensación obtenida es la inversa. Con un plano contrapicado podemos realzar a una persona o motivo, mostrar su autoridad o majestuosidad. Cuando este ángulo se presenta de forma exagerada hablaríamos de contrapicado extremo o de plano nadir.

Plano picado bastante pronunciado.

Plano contrapicado.

Tipos de planos

Según el lugar donde esté situado el sujeto, podemos encontrarnos con distintos tipos de planos. A continuación enumeramos los más importantes.

> **Plano general:** Muestra la situación completa, el escenario en toda su magnitud. A menudo sirve para presentarnos el lugar donde se va a efectuar la acción. Cuando el plano abarca la totalidad del sujeto, desde los pies hasta la cabeza, hablaríamos de plano general corto o plano entero.

Plano general.

Plano general entero.

🔵 **Plano medio:** Muestra al sujeto desde la cabeza hasta la cintura aproximadamente.

Plano medio.

🔵 **Primer plano:** Muestra al sujeto desde la cabeza hasta la clavícula aproximadamente. Cuando es un plano más cerrado donde solo se nos muestra la cara del sujeto hablaríamos de primerísimo plano.

Primer plano.

Primerísimo primer plano.

▶ **Plano americano:** Muestra al sujeto desde la cabeza hasta las rodillas.

Plano americano.

▶ **Plano detalle:** Muestra una porción pequeña de la realidad, una parte del cuerpo, un objeto, etc.

Plano detalle.

Plano detalle.

Profundidad de campo

Hablando en términos fotográficos, el campo es todo lo que aparece en dentro del encuadre, todo el espacio representado en pantalla. Si tenemos una imagen del primer plano de una persona hablando con otro individuo que no aparece en pantalla, diríamos que el interlocutor está fuera de campo. Es decir, sabemos que está allí pero no aparece en la imagen. Teniendo esto claro hemos de saber que la profundidad de campo es un concepto indispensable tanto en fotografía de imagen fija como en vídeo.

La profundidad de campo es el rango de nitidez del espacio representado, de los objetos situados delante y detrás del motivo fotografiado. Si tenemos poca profundidad de campo y enfocamos un objeto cercano, todo lo que está detrás aparecerá desenfocado. Si por el contrario tenemos mucha profundidad de campo, todo el espacio aparecerá enfocado sin perder la sensación tridimensional. Esto último no ocurre cuando fotografiamos un motivo lejano con un teleobjetivo. En este caso la imagen aparecerá enfocada pero plana, claramente bidimensional, sin perspectiva, sin sensación de profundidad, con poca profundidad de campo.

La profundidad de campo depende de la distancia focal del objetivo que estemos utilizando, del espacio y de la apertura del diafragma. Cuanto más cerrado está el diafragma, mayor profundidad de campo obtenemos.

Primer plano corto con poca profundidad de campo (el fondo aparece desenfocado).

Plano general con gran profundidad de campo (todos los elementos aparecen enfocados sin perder sensación tridimensional).

Tiros de cámara

Con tiros de cámara nos referimos a la posición que ocupan las distintas cámaras utilizadas en el lugar donde se efectúa la grabación. La posición de la cámara es esencial para captar la escena desde los mejores ángulos posibles. Tampoco hay reglas fijas sobre qué posiciones de cámara son más convenientes. Todo dependerá de la situación a la que nos enfrentemos, de nuestra sensibilidad artística, de nuestros conocimientos técnicos y de cómo queremos que sea el vídeo.

En cuanto a la grabación de videos musicales en directo, existen producciones estupendas realizadas con una sola cámara que se mueve por un escenario, otras donde la actuación se ha captado a través de varias cámaras posicionadas en distintos ángulos y otras realizadas con un simple plano fijo donde la interpretación musical equilibra la balanza a su favor.

A continuación planteamos un esquema estándar de posicionamientos de cámara durante un concierto. En este ejemplo hemos utilizado tres cámaras. La principal está situada en un ángulo donde captaríamos un plano general del escenario, mientras las otras captarían a los músicos desde los laterales.

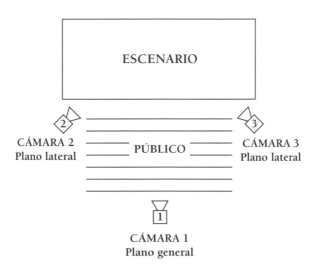

Movimientos de cámara

Los movimientos de cámara son un arte que nos permiten obtener imágenes más dinámicas. Sin la presencia de estos los vídeos resultan más aburridos y planos cara al espectador. Además cumplen la importante labor de mostrar al espectador el espacio. Si en el mundo del audio el control panorámico, los niveles y la reverberación crean un efecto tridimensional, en la grabación audiovisual esto se consigue en gran medida gracias a los movimientos de cámara.

▶ **Travelling:** Los movimientos más elaborados, como pueden ser los *travellings* donde la cámara se mueve como un actor más, son esenciales para dar una idea del espacio de la escena.

▶ **Panorámico:** Otro movimiento muy útil es el movimiento panorámico, que se consigue moviendo el trípode horizontalmente.

▶ **Zoom:** El zoom es otro movimiento de cámara muy utilizado, aunque es recomendable usarlo con precaución pues transmite una imagen plana y bidimensional.

▶ **Movimientos de foco:** El movimiento de foco utiliza el enfoque y la profundidad de campo. Se produce cuando durante la grabación enfocamos o desenfocamos a un sujeto.

Soportes de cámara

Los soportes que vayamos a utilizar dependerán del modelo de nuestra cámara y de los movimientos que queramos realizar. El soporte más utilizado es el trípode, que nos permite situar la cámara en un plano fijo y realizar movimientos panorámicos. En el mercado existen multitud de soportes que nos permiten una movilidad como *steadycams* o grúas.

Tarjetas de memoria

Las utilizaremos para almacenar los planos que grabemos. Si la sesión de grabación se va a alargar demasiado, o no tenemos suficiente espacio, es importante tener a mano un ordenador y un disco duro donde podamos volcar el contenido.

11

ILUMINACIÓN

En una grabación audiovisual la iluminación cumple un papel esencial. Grabar en entornos mal iluminados es un error garrafal que puede echar por tierra todo nuestro trabajo. Debemos evitarlo para conseguir la mejor calidad posible en nuestros vídeos.

La primera variable a tener en cuenta a la hora de comenzar a pensar las configuraciones lumínicas de nuestro vídeo es el lugar donde vamos a grabarlo. ¿En qué localización o localizaciones vamos a grabar el vídeo? No es lo mismo grabar en un parque al aire libre que en un local de ensayo, o en una sala de conciertos equipada que en un bar. El lugar donde vayamos a realizar la grabación va a determinar qué tipo de iluminación vamos a requerir. Si vamos a grabar en un parque en pleno día, aprovecharemos la luz natural. Si vamos a grabar en interiores será más recomendable hacer uso de iluminación artificial, aunque también podemos aprovechar la luz natural.

Además, dependiendo del tipo de contenido que vayamos a realizar, necesitaremos un mayor o menor número de localizaciones. Por definición un vídeo musical en directo está localizado en el lugar donde se está realizando la actuación, y poco más. Todo lo contrario ocurre con los videoclips, donde el número de diferentes localizaciones puede aumentar considerablemente.

A continuación damos una serie de claves orientativas para realizar este trabajo con éxito.

Iluminación en interiores con luz artificial

Cuando grabamos en interiores sin la intervención de la luz natural, contamos con la ventaja de poder controlar completamente las condiciones lumínicas de la escena. Para ello debemos hacer uso de equipos de iluminación artificial. El principal inconveniente es que este tipo de material suele ser muy costoso, por lo que lo más recomendable será alquilarlo.

Dependiendo de las características de nuestro vídeo y de la dirección que queramos llevar a cabo, tenemos dos opciones de configuración principales:

Iluminación fija

Se trata de una configuración estándar, donde los focos de luz permanecen fijos. Este tratamiento de luz nos permite diseñar escenas con un marcado perfil cinematográfico de forma creativa.

Iluminación móvil tipo concierto

En este tipo de configuraciones utilizaremos focos con movimiento, jugando con el ritmo, las luces y los colores. Es una configuración tipo show que imita los cuadros de luces que se producen durante un concierto. La desventaja es que el alquiler de este tipo de material es aún más costoso.

Iluminación en concierto con luces de escenario

Grabar conciertos en escenarios bien equipados como teatros, salas de conciertos y grandes eventos nos ahorrará sin duda bastantes quebraderos de cabeza. Nuestro trabajo consistirá en aprovechar el cuadro de luces del espectáculo e captar de la mejor manera posible la esencia del concierto.

En el caso en que vayamos a grabar un vídeo en una sala de conciertos, uno de los primeros pasos es visitar el lugar para comprobar si el

escenario está suficientemente iluminado para grabar. Si no es así deberemos reforzar las condiciones lumínicas en la medida de los posible
instalando reflectores o focos alternativos. Esto no suele ocurrir cuando
las salas están bien equipadas.

Iluminación con luz natural

Si vamos a utilizar luz natural es importante intentar anticiparnos a las
condiciones meteorológicas con las que nos vamos a encontrar. La luz
del día es muy cambiante. Si no planificamos bien podemos encontrarnos fallos de continuidad, ya sea por las desavenencias del tiempo o
porque nos quedamos sin luz al irse la luz del sol.

Tanto si vamos a grabar en interiores o exteriores con luz natural es
esencial planificar nuestros horarios de rodaje. Aunque vayamos a grabar a plena luz del día, es importante utilizar reflectores para evitar
sombras y contrastes indeseados. Si la escena se va a rodar en interior
pero queremos aprovechar la iluminación exterior de una ventana, también será interesante utilizar material de refuerzo, ya sean reflectores o
focos alternativos.

12

GRABACIÓN DE VÍDEOS MUSICALES CON SONIDO DIRECTO

De entre todos los contenidos audiovisuales que se utilizan para promocionar una carrera artística, el vídeo en directo ocupa sin duda un lugar privilegiado. La grabación de una actuación musical tiene el poder de transmitir una imagen mucho más fidedigna de las cualidades de una propuesta musical que una grabación en estudio por pistas. Esta última se intuye siempre más falseada, menos real.

Cuando una actuación en directo ha sido grabada en vídeo el efecto de estar presenciando algo auténtico se multiplica por cien. Para esto no solo son válidos los vídeos de conciertos propiamente dichos. También sirven otras categorías como sesiones de ensayo, incluso actuaciones sin público en escenarios elegidos cuidadosamente para una puesta en escena. En las grabaciones con sonido directo todo es posible. Y esto es algo que no solo agradecen promotores, managers y productores potenciales, sino el público en general.

Por su puesto hay excepciones, y estas excepciones tienen que ver con la calidad técnica y artística del contenido audiovisual propiamente dicho. Muchas veces es contraproducente mostrar un vídeo en directo grabado en condiciones pésimas, como puede ser por ejemplo una grabación distorsionada, ruidosa e ininteligible tanto a nivel de imagen como de sonido. Por ello hemos de ser extremadamente cuidadosos a la hora de realizar nuestros contenidos audiovisuales, con independencia de que vayamos a grabar a través de un teléfono móvil o con el mejor equipo técnico posible.

Aspectos básicos que influirán en la calidad final

Llegado el punto de encarar la grabación audiovisual de una actuación nos volvemos a encontrar con múltiples posibilidades de producción, desde los niveles más precarios hasta las grabaciones con las mejores condiciones técnicas. Ya hemos visto que entre ambos extremos hay un espacio con múltiples posibilidades. Estas posibilidades están condicionadas por el presupuesto, el equipo humano, el equipo técnico y el propósito final de nuestra grabación. También es preciso que evaluemos otros elementos que influirán en la calidad final del vídeo.

A continuación repasamos los factores principales que influirán en la factura de nuestra producción.

Equilibrio entre imagen y sonido

El nivel de una grabación está condicionado por el equilibrio entre imagen y sonido. Lo idílico es conseguir la calidad máxima en ambos aspectos. Aunque en algunas situaciones esto no siempre posible, debido principalmente a falta de presupuesto o a malas condiciones técnicas. En todo caso siempre se ha de procurar que el equilibrio no se rompa. Al igual que ocurre en otro tipo de producciones, el producto final estará marcado por el eslabón más débil de la cadena. Da igual que contemos con el mejor sonido posible, si la imagen es defectuosa el producto final se verá muy devaluado. También es frecuente que ocurra todo lo contrario, si el sonido es deficiente no nos servirán de mucho imágenes de calidad cinematográfica.

La buena noticia es que esta aparente debilidad es en realidad una ventaja. En un vídeo musical el sonido cuenta con el refuerzo de la imagen. Esto no significa que podamos descuidar en exceso el sonido, sino que podemos permitirnos ciertas licencias siempre y cuando nos movamos en parámetros de calidad básicos. La percepción final del producto audiovisual es un equilibrio entre imagen y sonido. Lo que sin el estí-

mulo de la imagen en movimiento no es más que una demo, con el refuerzo audiovisual puede alcanzar una calidad superior. Incluso puede
llegar a ser un contenido publicable. Sin ir más lejos muchos de los vídeos que se realizan hoy en día son, en cierta medida, sustitutos de las
antiguas maquetas promocionales.

Este equilibrio entre sonido e imagen tiene consecuencias curiosas.
En ciertas ocasiones algunas imágenes casan mejor con un sonido menos procesado, un sonido que sin este estímulo audiovisual perdería
validez. Un ejemplo lo tenemos en los vídeos de guitarra y voz. Al mezclar el sonido sin tener en cuenta la imagen, tendemos a reforzar ciertas
partes, a utilizar ciertas compresiones, ecualizaciones, efectos y masterizaciones con el objetivo de lograr un resultado más impactante para
nuestros oídos. Es muy frecuente que al escuchar este audio acompañado de la imagen en movimiento, perdamos cierta naturalidad en su
conjunto (aunque la mezcla de sonido pueda ser más válida por separado).

Control del entorno

El entorno donde vamos a realizar el vídeo es determinante. Como
mencionábamos al principio, un vídeo en directo no tiene por qué ser
el equivalente audiovisual de un concierto.

Un vídeo en directo es simplemente la grabación de una interpretación que se está ejecutando a tiempo real. La presencia del público no
es imprescindible. Por eso una sesión de estudio, una grabación el plató
y un guitarrista tocando en un parque son también vídeos en directo.

¿Por qué hacemos hincapié en esto? Porque podemos realizar vídeos
en directo en entornos y localizaciones muy variopintas. Podríamos clasificarlas en dos grandes categorías:

▶ Grabación en entornos controlados por nosotros mismos, por
ejemplo un plató de televisión o una sala acondicionada acústica y lumínicamente bajo nuestra entera supervisión.

▶ Grabación en entornos no controlados, por ejemplo un parque
al aire libre o una sala de conciertos donde no controlamos algunos aspectos del espectáculo (como pueden ser la iluminación o el sonido).

En un entorno totalmente controlado por nosotros, tenemos total poder de decisión sobre la iluminación y el sonido de las tomas. Sin embargo en ciertas situaciones esto no es posible y nos encontramos con ciertos aspectos que no podremos controlar totalmente. Por ejemplo, si vamos a grabar en un teatro o sala de conciertos la iluminación del recinto será responsabilidad del técnico de luces, que trabajará por un desarrollo óptimo del espectáculo. A menudo lo que es extraordinario durante una actuación, no funciona tan bien en una grabación, por lo que nuestro trabajo consistirá en captar la escena de la mejor forma posible.

Captación del sonido

Captación de sonido en entornos controlados

En un entorno controlado íntegramente por nosotros podemos grabar cómodamente y posicionar los micrófonos a nuestro antojo, tal y como vimos en capítulo 6. Normalmente este tipo de situaciones se dan en sesiones de estudio, ensayos y platós. Durante la grabación de un concierto es más probable que nos encontremos con algunos aspectos técnicos fuera de nuestro control estricto.

Aun cuando grabamos en entornos totalmente controlados por nosotros mismos, suele ser recomendable no excedernos con la microfonía y posicionar los micrófonos con imaginación en busca de un mayor realismo, siempre y cuando nos movamos en unos parámetros básicos de calidad. En todo caso debemos tener cuidado extremo con la amplificación y los acoples de sonido, especialmente en lo que respecta a los micrófonos de condensador. Este tipo de microfonía es mucho más sensible y tiende a acoplarse en situaciones donde la amplificación es considerable. Puede ocurrir que estemos grabando un vídeo en directo de un grupo de jazz en un entorno completamente controlado por nosotros, como puede ser el salón de una casa. Hay ciertos instrumentos, especialmente la voz, que necesitan ser amplificados para que los músicos pueden escuchar la melodía en el momento de la interpretación. Si la voz del cantante está captada con un micrófono de condensador que, a su vez, está amplificado a través de un equipo de altavoces, el micrófono sin duda terminará acoplándose. Es por esta razón que los micrófonos de condensadores apenas se usan en las actuaciones con público. En este tipo de entornos tenemos dos soluciones principales para evitar que se nos acoplen los micrófonos en exceso:

- No amplificar la señal de los micrófonos. Hacer que los músicos en cuestión se escuchen a través de unos auriculares. Claramente esto no es posible si la actuación musical se está realizando con público, a no ser que se trate de una actuación en estricto acústico. Esta opción supedita el audio frente a la imagen, pues evitamos que el sonido amplificado de los micrófonos contamine el resto de la sala de grabación.

- Recurrir a micrófonos dinámicos. Esta es la primera solución si se trata de una actuación con público, puesto que los asistentes necesitarán escuchar el sonido de los diferentes micrófonos de voz. También tiene su razón de ser si por razones estéticas no nos interesa la presencia de auriculares en la escena. O si es estrictamente necesario, por cualquier motivo, que los micrófonos estén amplificados.

Captación de sonido en entornos no controlados

Cuando trabajamos en entornos donde no podemos controlar las condiciones microfónicas la situación es bien distinta. El ejemplo más drástico lo tenemos en una sala de conciertos que cuenta con su propio equipo técnico. En este caso el sonido captado encima del escenario será mezclado por un técnico de sonido y reproducido a través de los altavoces de la sala. Y aquí nos encontramos con un problema. El sonido saliente de la mesa de control de la sala no nos suele servir.

¿Por qué ocurre esto? Debemos tener claro que una cosa es el sonido del concierto y otra bien distinta el sonido que debemos captar para nuestra grabación. Por regla general, el sonido que sale desde la mesa de mezclas no es apto. Esta señal ha sido procesada para sonar bien en un lugar concreto, en un recinto con una acústica particular, a través de unos altavoces diseñados para impresionar al público asistente con su

amplio volumen. Cuando extrapolamos esta señal procesada y la reproducimos en un equipo de música estándar, el tema puede sonarnos
realmente horroroso, con rangos dinámicos totalmente desequilibra-
dos, ecualizaciones terribles. Es lógico. El audio no ha sido procesado
para una grabación, sino para una actuación con condiciones muy particulares.

A pesar de todo, en algunas ocasiones no nos queda más remedio
que recoger la señal estéreo a partir de la mesa de mezclas principal.
Dependiendo de las condiciones técnicas del concierto el sonido puede
ser más o menos aprovechable. Un ejemplo clásico lo tenemos en los
conciertos acústicos o con poca instrumentación, donde el sonido ha
sido menos procesado. En todo caso siempre será necesaria una remas-
terización que adecúe esta pista para una reproducción óptima a través
de los dispositivos más utilizados a nivel comercial.

Pero esta es una solución que debemos evitar siempre y cuando sea
posible. En el capítulo 7 insistíamos en la importancia durante la fase de
mezcla de la utilización de monitores de respuesta plana que reproduzcan el espectro de frecuencias de la forma más fidedigna. Los altavoces
de una sala de conciertos son todo lo opuesto que podamos imaginar a
esto. Lo normal es que la señal de la mesa de mezclas principal sea in-
utilizable para nuestros propósitos.

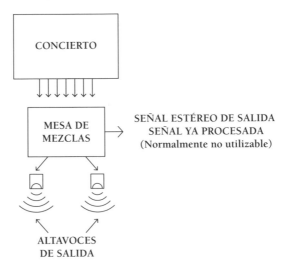

La manera idónea de captar el sonido en estas situaciones consiste en recoger las señales sin procesar, antes de que lleguen a la mesa de mezclas principal, con el fin de realizar nosotros nuestra propia mezcla con todas las pistas de audio a posteriori. Para hacer esto debemos contar con un sistema que nos permita duplicar las diferentes señales procedentes de los micrófonos del escenario, para que unas lleguen a la mesa de mezclas de la sala y otras lleguen a nuestro sistema de grabación multipista. Esto no siempre es tan fácil: debemos disponer del equipo adecuado y negociar con el personal de la sala para coordinarnos de la mejor manera posible.

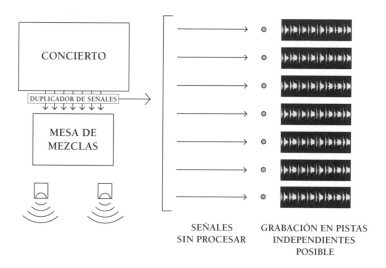

Captación de sonido en entornos parcialmente controlados

Podemos encontrarnos con otros casos donde a pesar de controlar algunas condiciones sonoras, nos encontremos con ciertas limitaciones técnicas. Las actuaciones en pubs y salas pequeñas son un buen ejemplo de ello. En estos conciertos algunos instrumentos no suelen estar microfoneados porque el tamaño de la sala sencillamente no lo requiere. Es el caso de los amplificadores de guitarra y de los aéreos de la batería, vibraciones que en pequeños recintos suelen percibirse de forma óptima sin necesidad de microfonía extra. Por el contrario, otros instrumentos sí necesitan ser amplificados para que el público y los músicos puedan oírlos. El ejemplo más evidente es el de la voz.

Cuando se nos presentan este tipo de situaciones debemos reforzar aquellos instrumentos que creamos necesarios con micrófonos que no sonarán durante el concierto, pero que son imprescindible para captar las tomas de nuestra grabación. Mientras tanto aprovecharemos y duplicaremos las señales de los micrófonos que sí están siendo amplificados durante la actuación, tal y como haríamos para grabar un concierto en una sala de gran aforo. De este modo podemos obtener las señales independientes de todos los instrumentos necesarios para mezclar el audio de un concierto de estas características.

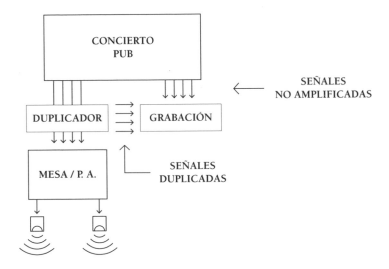

Otra opción es centralizar todo el proceso y controlar el sonido del concierto a la vez que grabamos todas las señales. Para esto deberemos silenciar desde la mesa de mezclas los micrófonos que no se están utilizando en el concierto. Así logramos que no suenen en los altavoces. A su vez, enviamos la totalidad de las señales hacia nuestro sistema de grabación.

Esta técnica dual tiene algunos inconvenientes. Al estar todo controlado desde un mismo dispositivo, podemos acabar teniendo conflictos innecesarios que arruinen nuestra grabación y, lo que es aún peor, el sonido durante el propio concierto.

La cadena de audio puede tener distintos diseños. Repasamos las tres configuraciones más comunes.

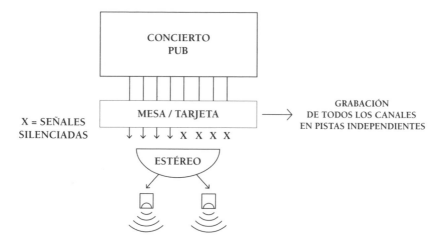

En esta primera opción necesitamos una mesa de mezclas que a la vez ejerza de tarjeta de sonido. El mismo dispositivo preamplifica la señal de todos los micrófonos y las envía al ordenador mediante una conexión de tipo USB o Firewire. A su vez envía las señales necesarias al sistema de altavoces del concierto.

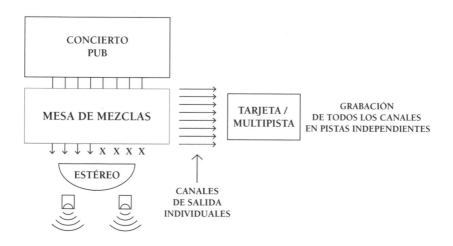

En esta segunda opción necesitamos una mesa de mezclas que, además de una salida estéreo para el concierto, disponga de salidas de audio en cada uno de las canales. Esto nos permite enviar las señales inde-

pendientes a una tarjeta de sonido multipista a la vez que enviamos las
señales necesarias al sistema de altavoces.

Captación de sonido con equipos simples

Al jugar con varios niveles de producción en algunos casos también
podemos hacer uso de dispositivos de grabación más sencillos para captar el sonido. Existen en el mercado multitud de grabadoras portátiles
diseñadas con este propósito. Algunas además permiten la conexión de
microfonía extra para grabar en modo multipista.

En un entorno musical estos dispositivos pueden funcionar correctamente, siempre y cuando los utilicemos de forma cuidadosa y conozcamos sus limitaciones.

▶ **Actuaciones acústicas:** En los formatos donde el volumen es
mucho más reducido, las grabadoras portátiles cumplen perfectamente su función. Si vamos a grabar en exteriores será necesario un felpudo antiviento que proteja el micrófono de los golpes
de aire y nos permita grabar un sonido sin ruidos desagrada-
bles.

▶ **Conciertos:** Los principales problemas de las grabadoras com-
pactas portátiles surgen cuando queremos utilizarlas en entornos donde el sonido es mucho más intenso, como puede ser un
concierto de rock. En estos casos tendremos muchos quebraderos de cabeza para posicionar la grabadora. El único secreto es
colocar el aparato en el lugar donde mejor suene la interpretación mientras ajustamos la señal del preamplificador interno
correctamente para evitar la saturación.

▶ **Ambientes:** Una grabadora puede ser muy útil si se utiliza
como microfonía de lejanía. Resulta siempre interesante utilizarlas para captar ambientes, sonido del público, sonido general
de la sala, etc. Sin embargo, si no está sincronizada con el resto
de la grabación, debemos tener especial cuidado con los problemas de fase.

En el último extremo de calidad tenemos aquellos micrófonos incorporados en los propios dispositivos utilizados para la captación del vídeo. La calidad de estos micrófonos internos suele ser bastante deficiente. Nunca es aconsejable utilizarlos para captar el sonido de nuestros vídeos. Eso sí, estas señales nos servirán de referencia para sincronizar las imágenes durante el montaje del vídeo.

13

GRABACIÓN DE VIDEOCLIPS

Un videoclip es un cortometraje donde se pretende enriquecer una obra musical con diferentes secuencias de imágenes en movimiento. Estas secuencias normalmente suelen ser breves y dinámicas. El videoclip tiene un marcado perfil publicitario. La industria musical lo ha venido utilizando a lo largo de varias décadas como una herramienta de marketing para promocionar la música grabada. Se trata de un género audiovisual muy creativo donde da rienda suelta a la experimentación formal.

La historia del videoclip se remonta a mediados de siglo xx. El desarrollo del cine musical con títulos como *Fantasía* o *Un día en Nueva York* es su antecedente más claro, pero a menudo se suele citar el videoclip de la canción «Jailhouse Rock» de Elvis Presley como el primero de la historia. Su evolución a partir de entonces ha sido imparable, si bien es cierto que fue a partir de los años ochenta cuando el género se consolidó y popularizó gracias al auge de cadenas de televisión musicales como MTV. Actualmente en plena era digital el videoclip sigue teniendo vigencia y se sigue utilizando con fines artísticos y promocionales gracias a plataformas como Youtube.

Los videoclips son obras altamente visuales cuya factura varía en función del estilo musical. Así mismo, dentro del mundo de los videoclips podemos encontrar distintos géneros. Las diferencias están marcadas por la estructura y el contenido de las producciones:

▶ **Videoclip narrativo:** Se trata de un género dramático donde se cuenta una historia. El videoclip narrativo asume los códigos cinematográficos. En este tipo de producciones podemos ver a varios personajes en diferentes situaciones sustentadas por un hilo argumental que puede ser más o menos complejo. Estos personajes pueden estar representados por los propios músicos, por actores o por ambos.

▶ **Videoclip descriptivo:** Estos videoclips optan por mostrarnos a los músicos intérpretes en distintas situaciones y localizaciones sin aparente conexión argumental. Normalmente los músicos aparecen interpretando los temas, bailando y tocando sus instrumentos.

▶ **Videoclip mixto:** Este tipo de videoclips es una mezcla entre los dos modelos anteriores donde las apariciones de los músicos se intercalan con un hilo argumental.

▶ **Actuación:** En esta categoría la imagen nos muestra a los músicos que simulan una interpretación en directo, ya sea en una actuación o un concierto.

▶ **Conceptual:** Son videoclips con un perfil cercano al poema visual. El objetivo principal es reforzar la canción con imágenes sin aparente conexión argumental.

Elaboración de un videoclip

Aunque la elaboración de este tipo de obras audiovisuales viene determinada por el género, no debemos perder de vista que se trata de un cortometraje, no de una actuación en directo. Por tanto debemos encarar su producción como una obra de ficción.

Durante el rodaje grabaremos las distintas secuencias por separado, en función de los personajes, localizaciones, decorados que intervengan en ella. Es a la hora del montaje cuando todas estas escenas cobrarán sentido en su conjunto, siempre complementadas con el tema musical en sí.

A continuación repasamos los distintos pasos a tener en cuenta a la hora de realizar la obra audiovisual.

Guión literario

En el guión literario describiremos con todo lujo de detalles la acción que se muestra en pantalla. Este paso es totalmente esencial en el caso si en nuestro videoclip va a mostrarse una historia. El guión ha de estar redactado siempre en presente. No es un documento literario destinado a conmover al lector, sino un instrumento descriptivo que se ha de traducir en imágenes.

Guión de trabajo

El guión de trabajo es una reestructuración secuencial del guión literario. Para elaborarlo ordenaremos las diferentes secuencias del guión principal. Por ejemplo, si en nuestro videoclip se intercala la secuencia de un grupo tocando en un bar con otra donde se muestra a una chica andando por la calle, deberemos organizar de forma lineal ambas situaciones. Son dos situaciones distintas, aunque estas se muestren intermitentemente en la pantalla.

En este punto es importante diferenciar entre secuencias dramáticas y mecánicas.

▶ **Secuencia dramática:** En una secuencia dramática se plantea un bloque argumental, por ejemplo una escena donde un personaje entra en un portal, sube el ascensor y llega a su casa.

▶ **Secuencia mecánica:** Por su parte en una secuencia mecánica la acción cambia de lugar o de tiempo, por lo que en este ejemplo tendríamos tres secuencias mecánicas: el portal, el ascensor y la casa.

Estas secuencias pueden ser rodadas en días y localizaciones distintas, por mucho que se muestren en la pantalla como si sucedieran de forma lineal. Por esta razón debemos dividirlas en el guión de trabajo.

Guión técnico

Se trata de trasladar el guión en imágenes, es decir, la acción en planos audiovisuales. En un guión técnico dividiremos la acción en planos.

También indicaremos qué tipo de planos son y qué movimientos de cámara se verán en la pantalla.

Este documento sirve al director para desglosar las distintas secuencias y facilitar su grabación. El montador, por su parte, podrá tenerlo como referencia a la hora de editar el vídeo en la fase de postproducción.

Si queremos ser aun más precisos, podemos elaborar un *storyboard* a partir del guión técnico que nos ayude a hacer realidad los diferentes planos.

Desgloses por secuencias, personajes, decorados y localizaciones

Los desgloses son diferentes documentos que nos ayudarán a planificar el rodaje de forma más efectiva para que no olvidemos ningún dato durante la producción. El principal desglose que debemos elaborar es el secuencial.

▶ **Desglose por secuencia:**

Este desglose está compuesto por varias fichas, una ficha por cada secuencia mecánica. Por tanto si nuestro videoclip consta de diez secuencias, deberemos contar con diez fichas de secuencia. En cada una de ellas haremos un listado de los diferentes elementos que influyen en la secuencia indicada:

- Qué número de secuencia es.
- Si se trata de una secuencia rodada en interiores o exteriores.
- Qué acción sucede en pantalla (es decir, qué es lo que ocurre en la secuencia).
- En qué localización se va a grabar.
- En qué decorado se va a grabar.
- Qué personajes intervienen en la secuencia.
- Qué vestuario usarán durante la secuencia.

▶ Qué atrezzo interviene en escena (a diferencia de los decorados, el atrezzo son aquellos objetos que son manipulados por los personajes).

▶ Qué necesidades de producción hay en cada secuencia (cámaras, iluminación, etc.).

Como vemos a continuación, este proceso se ha de repetir en el resto de desgloses: personajes, decorados y localizaciones.

▶ **Desglose por personajes:**

▶ Cuál es el nombre del personaje.

▶ Qué actor o actriz lo interpreta.

▶ Descripción física.

▶ Desarrollo dramático (qué trama desempeña durante el videoclip).

▶ En qué secuencias aparece el personaje.

▶ Qué distintos vestuarios usa el personaje en cada secuencia.

▶ **Desglose por decorados:**

▶ De qué decorado se trata.

▶ Qué necesidades escénicas tiene el decorado. ¿Necesita una mesa o una cama? ¿Es un local de ensayo y necesita guitarras y amplificadores?.

▶ Qué necesidades de producción necesita el decorado.

▶ Secuencias donde se usa el decorado.

▶ Personajes que participan en dichas secuencias.

▶ Atrezzo que interviene en dichas secuencias.

▶ Qué efecto tienen dichas secuencias. ¿Interior o exteriores? ¿Noche o día?.

▶ **Desglose por localizaciones:**

◗ Nombre de la localización.

◗ Dirección física de la localización.

◗ Qué decorados están localizados en este lugar (es probable que varios decorados se rueden en el mismo lugar, incluso aunque en la ficción sean lugares distintos).

◗ Qué necesidades escénicas hay (una puerta, el paisaje de una playa, una carretera).

◗ Qué secuencias se ruedan en este lugar.

◗ Qué personajes intervienen en estas secuencias.

◗ Qué atrezzo interviene en estas secuencias.

◗ Qué necesidades de producción hay.

Desglose de planta

Un desglose de planta es un esquema donde planteamos la posición de la cámara y los actores en las distintas secuencias y decorados. Esto nos ahorrará tiempo y nos ayudará a tomar las decisiones de forma más eficaz durante el rodaje.

Plan de rodaje

El último paso antes de realizar el videoclip será la planificación del rodaje. Para esto nos apoyaremos en los diferentes desgloses que hemos elaborado. El objetivo de un plan de rodaje es administrar el tiempo de grabación y el presupuesto de la forma más eficaz posible en función de las localizaciones, decorados, secuencias y actores participantes.

Sonido y sincronización

La principal ventaja en la realización de un videoclip es el sonido. No debemos preocuparnos demasiado por él. Lo único que se escuchará durante el videoclip será una obra musical ya grabada y mezclada. De forma excepcional quizá queramos introducir algunos diálogos o sonidos de postproducción.

Sin embargo debemos cuidar la sincronización. En el caso de que queramos mostrar a los músicos y cantantes simulando la interpretación de un tema, se ha de procurar que la grabación del vídeo esté sincronizada con la música. Para lograr esta sincronización debemos disponer del tema grabado y mezclado. Este tema debe de ser escuchado por los actores o músicos a la hora de la grabación. Al fin y al cabo se trata ni más ni menos que de un playback. Será útil ayudarnos de un claqueta. El sonido captado por las cámaras nos servirá de referencia a la hora de montar el vídeo y sincronizar los distintos planos con la canción.

14

LA EDICIÓN DE VÍDEO

La edición de vídeo es el equivalente a la postproducción de audio. Durante esta fase seleccionamos las tomas más válidas, el acabado final y los elementos independientes que terminarán configurando una obra audiovisual única. Para la edición y montaje de nuestro vídeo deberemos tener instalado en nuestro ordenador algún programa especializado como Adobe Premiere, Final Cut, Pinnacle Studio o Avid. Cada uno de estos programas es diferente, pero tienen características básicas comunes.

Importación

Las cámaras suelen grabar en formatos pesados. El programa ha de contener el software necesario para decodificar esta información digital. Una vez importemos todos los planos necesarios para la elaboración de nuestro vídeo, podemos empezar a trabajar en el montaje en sí en el área de trabajo del editor de vídeo.

Pistas de vídeo

Normalmente un archivo de vídeo tiene información visual (imagen en movimiento) e información sonora (audio). Cuando importamos estos archivos nuestro editor de vídeo separa esta información en pistas diferentes, de modo que si importamos un archivo de vídeo tendremos toda la información visual en una pista de vídeo y la información sonora en una pista de audio. En este caso el audio y el vídeo aparecerán por defecto sincronizadas entre sí. Si lo deseamos podemos desvincular estos fragmentos e incluso eliminar alguno de ellos sin que afecte al otro. Durante la fase de montaje lo más frecuente es trabajar de una manera organizativa. Por ejemplo, si se trata de la grabación de un concierto a tres cámaras y disponemos de tres distintas tomas de vídeo, reservaremos una pista de vídeo por cada toma. Si por el contrario se trata de un videoclip con varias escenas que aparecen a lo largo de la canción, las podemos agrupar en menos pistas. Una vez realizados todos los cortes necesarios, podemos agrupar todos los planos en una sola pista de vídeo lineal.

Pistas de audio

Al igual que ocurre con los secuenciadores de pistas de una grabación musical, los editores de vídeo también admiten la posibilidad de incorporar pistas adicionales de audio. De modo que las pistas de audio de un proyecto audiovisual pueden contener dos tipos de clips de audio: vinculados y no vinculados. Los primeros pertenecen a un archivo de vídeo concreto y están sincronizadas con su fragmento de vídeo. Pero como hemos mencionado, en estos casos es posible desvincular estos fragmentos, de modo que podamos editarlos y/o eliminarlos independientemente.

En la práctica, el sonido final de un vídeo debe de haber sido captado independientemente, por lo que siempre se tratará de un clip de audio no vinculado a ningún fragmento de vídeo. Si estamos hablando de un videoclip, el audio principal será la mezcla masterizada definitiva de la canción. Si estamos hablando de un concierto en directo, el audio principal pertenecerá a la grabación que hayamos captado de forma independiente. Si no hemos grabado el sonido de forma independiente durante el proceso de grabación (algo que nunca es recomendable), tendremos que utilizar la pista de audio que mejor suene.

Los audios grabados por las cámaras, pertenecientes a los archivos de vídeo, nos servirán para sincronizar el sonido principal del vídeo. En el caso de un videoclip los utilizaremos para sincronizar las partes en las que aparezca un playback. En el caso de una grabación en directo los utilizaremos para sincronizar el audio principal con la imagen.

Cortes

Llamamos corte a la yuxtaposición de diferentes imágenes sin ningún tipo de transición. El corte es el elemento de montaje audiovisual más inmediato y el más utilizado. Durante el corte el salto entre una imagen y otra es instantáneo. En los montajes cinematográficos analógicos se cortan y pegan literalmente los distintos fragmentos de la película, al igual que ocurría con la edición de sonido analógico en cinta magnética en la era pre digital. En el entorno digital cortamos virtualmente los diferentes fragmentos de audio y/o vídeo.

Otras transiciones y efectos

Los editores de vídeo nos brindan la posibilidad de utilizar otro tipo de transiciones audiovisuales, tanto tradicionales como fundidos, encadenados, desenfoques y cortinillas, como más modernos. Por regla general es mejor no abusar en un principio de estas transiciones, e intentar guiarnos por los esquemas de montaje más clásicos. Una vez tengamos dominado el lenguaje audiovisual tradicional, podemos experimentar con nuevos horizontes.

Otros efectos a tener en cuenta son aquellos relacionados con los relacionados con el movimiento, la opacidad, ajustes de luz, ajustes de color, brillo, contraste, efectos de sonido, desenfoques, distorsiones, títulos, subtítulos, etc.

Exportación

Una vez acabado el montaje y la edición del proyecto, debemos exportarlo a un archivo de vídeo concreto para que este pueda ser visualizado en un sistema de reproducción. Mediante la opción de exportación podemos asignar los fotogramas por segundo, la resolución, la tasa de bits, el formato de visualización y el formato de compresión final (AVI, MPEG4, P4, H.264, P2, etc). Los editores de vídeo tienen pre-configuraciones para exportar con los parámetros más adecuados según la finalidad de nuestro vídeo.

Montaje de vídeo musical en directo

En el montaje de una actuación en directo debemos plasmar la realidad, ser lo más fieles posible al evento que hemos registrado en vídeo. Cada vídeo musical en directo es diferente. Su edición dependerá de con cuántas cámaras hemos grabado y qué papel cumple cada tiro de cámara.

Organizando las pistas de vídeo

Pongamos como ejemplo la grabación a tres cámaras de una actuación en una sala de conciertos. Algunas cámaras graban planos de con minutos limitados. Este es el caso de las populares DSLR. Aunque estas cámaras graben durante todo el tiempo, la totalidad del concierto estará dividida por defecto en varios archivos de corta o mediana duración.

Nuestra primera misión es unir toda esta información en pistas homogéneas. Si hemos grabado con tres cámaras (por ejemplo un plano general y dos planos laterales), debemos acabar con una pista de vídeo por cada una ellas lo más lineal posible. Una vez organizado todo el espacio de trabajo, cada una de las pistas de vídeo contendrá el total de la actuación captada desde distintos ángulos.

CÁMARA 1	PISTA VIDEO 1
	AUDIO PROVISIONAL
CÁMARA 2	PISTA DE VIDEO 2
	AUDIO PROVISIONAL
CÁMARA 3	PISTA VIDEO 3
	AUDIO PROVISIONAL

Sincronizando vídeo y audio

El primer paso es sincronizar sonido e imagen y lograr que todas las pistas vayan a tiempo. Debemos disponer de una pista de audio con el sonido estéreo del concierto. Esta pista ha de estar ya mezclada (tal y como hemos visto en el capítulo 7) y ser lo más definitiva posible. Al final del proceso será el sonido de nuestro vídeo.

Para ahorrarnos trabajo en la fase de sincronización es recomendable que hayamos utilizado una claqueta durante el rodaje. Sin embargo a veces esto no es posible en algunos contextos donde no controlamos el entorno de grabación, por tanto tendremos que realizar este trabajo a ojo, es decir, desplazando las pistas hasta lograr que se reproduzcan todas de forma sincronizada.

En este caso, para sincronizar las tres pistas de vídeo con la pista de audio estéreo, nos debemos ayudar del sonido provisional que han captado las cámaras. Al tratarse de un concierto los puntos de sincronización y referencia estarán más dispersos. Podemos guiarnos a través de distintos elementos, por ejemplo un golpe de platos o la vocalización del cantante.

	PISTA ESTÉREO (SONIDO DEFINITIVO)
CÁMARA 1	PISTA VIDEO 1
	AUDIO PROVISIONAL
CÁMARA 2	PISTA DE VIDEO 2
	AUDIO PROVISIONAL
CÁMARA 3	PISTA VIDEO 3
	AUDIO PROVISIONAL

Es importante vigilar la frecuencia de muestro. Si la pista de audio y las pistas de vídeo tienen configuraciones de audio diferentes, tendremos duraciones distintas y será imposible una sincronización plena. De igual manera, los fotogramas por segundo con los que se ha grabado el vídeo influirán en la sincronización. Es fundamental que todas las tomas hayan sido grabadas a la misma velocidad. Si no es así aparecerán desincronizadas.

Una vez sincronizadas totalmente todas las pistas, podemos borrar el audio de referencia de las cámaras.

Eligiendo los planos más interesantes

A continuación realizaremos los cortes donde creamos más conveniente. El montaje marcará el ritmo de la producción; este es un proceso muy creativo. Según el estilo musical, los tiros de cámara que hayamos realizado, los planos de los que dispongamos y, en definitiva, del tipo de vídeo que queramos obtener, podemos utilizar cortes y transiciones más breves o más largas.

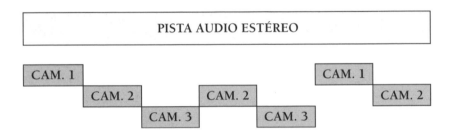

Es importante que las cámaras con las que hemos grabado sean lo más parecidas entre sí, a ser posible del mismo modelo. Grabar con configuraciones distintas de resolución y frecuencia de muestreo nos generará problemas de sincronización y continuidad durante la fase de postproducción que pueden echar por la borda todo el trabajo realizado.

Al final del proceso, obtendremos un solo archivo de vídeo según los parámetros que con los que hayamos exportado el proyecto.

Montaje de videoclip

El montaje de una actuación en directo es bien diferente a la de un videoclip. Por regla general en una producción de estas características intervienen un mayor número de planos, de secuencias, de cortes, de escenarios y localizaciones. Un videoclip utiliza recursos cinematográficos y publicitarios. Lo que vemos en pantalla no se corresponde con una actuación real de un concierto en un recinto determinado, sino con una obra de ficción donde las posibilidades son mucho más flexibles. En la grabación de un videoclip, por regla general, no se suelen usar varias cámaras para grabar una misma secuencia. Esto quiere decir que los diferentes tiros de cámaras suelen estar grabados en distintos momentos con la misma cámara. Aunque esto tiene algunas excepciones. Por ejemplo, si simulamos una actuación en concierto, es posible que el director haya optado por grabar la misma toma con varias cámaras a la vez. Aun así esta es una decisión de realización poco frecuente si no estamos grabando en directo.

No obstante, durante el montaje de un videoclip encontraremos algunas similitudes con la edición de un vídeo en directo. La principal es la sincronización entre audio y vídeo. Si en nuestro videoclip hemos grabado escenas en *playback*, la sincronización es fundamental. Lógicamente para grabar estas escenas habremos utilizado el audio de la canción original durante el momento de la grabación del vídeo. Este audio captado por las cámaras nos servirá de referencia para sincronizar las diferentes tomas de vídeo con la canción, tal y como hicimos en el montaje del vídeo en directo.

Lo ideal es comenzar con estas secuencias de *playback*. Una vez sincronizadas procedemos a seleccionar las tomas más adecuadas y a incluir el resto de planos. Para hacer esto contaremos siempre con la referencia del guión técnico y con el sentido rítmico que queramos imprimirle al vídeo, normalmente determinado por la propia canción.

APÉNDICES

Software de audio frecuente

Secuenciadores (DAW)

- Pro Tools
- Nuendo
- Cubase
- Logic Pro
- Ableton Live
- Reason
- FL Studio

Edición de audio

- Adobe Audition
- Sony Sound Forge
- WaveLab

Efectos

- Lexicon Native *Reverb*
- Altiverb
- Waves Trueverb

Compresores y dinámica

- SSL 4000
- Native Instruments Vintage Compressors
- Sonalksis
- Waves API 2500
- Waves CLA-2A Compressor / Limiter
- Waves C6 Multiband Compressor
- Waves CLA-76 Compressor / Limiter

- Waves CLA-3A Compressor / Limiter
- Waves C4 Multiband Compressor

Instrumentos virtuales

Guitarra eléctrica:

- Amplitube
- Native Instruments Guitar Rig
- Waves GSP
- BIAS Pedal

Batería:

- Addictive Drums
- Groove Agent
- Battery

Piano, teclados y sintentizadores:

- Steinberg The Grand
- Lounge Lizard
- Native Instruments Akoustik Piano
- Native Instruments Absynth
- Native Instruments FM8
- Native Instruments B4
- Arturia Minimoog
- Korg Legacy Collection
- Hypersonic

Cuerdas:

- LA Scoring Strings

- EWQL Hollywood Strings

Metales y madera:

- Cinebrass PRO
- EWQL Hollywood Brass
- EWQL Hollywood Wood
- SaxLab

Orquestales:

- Albion One
- Native Instruments Symphony Series
- Edirol Orquesta
- Omnisphere
- Percusiones:
- Evolution Series World Perc
- True Strike
- Spitfire Percussion
- Cinesamples Drums Of War
- Native Instruments Discovery Series

Coros y voces:

- 8Dio Requiem Pro
- Cinesamples Voxos
- Soundiron Requiem Light

Micrófonos frecuentes

Micrófonos dinámicos

Los micrófonos dinámicos son sin duda los más polivalentes. Soportan gran presión sonora, son muy resistentes, aportan calidez y tienen múltiples utilidades. Un micrófono dinámico usado de forma frecuente para captación de voces, puede ser utilizado sin problemas para otros instrumentos (guitarras, amplificadores, timbales, etc). A continuación indicamos los usos más habituales a modo orientativo.

• Shure SM58 (voz)

• Shure SM57 (caja, percusión, timbales, amplificadores de guitarra, y en menor medida voces, metales y guitarras)

• Shure Beta 57 A (timbales, amplificadores de guitarra, voces, amplificadores)

• Shure Beta 52A (bombo, amplificador de bajo)

• Shure Beta 58 A (voz)

• Shure SM58 S (voz)

• Shure SM7 (amplificadores, metales)

• Audio-Technica AE2300 (metales, amplificadores, percusión, timbales, caja)

• Audio-Technica AE 6100 (voz)

• Audix D4 (bombo, amplificador de bajo, caja, timbales)

• AKG D 112 (bombo, amplificador de bajo)

• AKG D12 VR (bombo, amplificador de bajo)

• AKG D-7S (voz)

• AKG D5 LX (voz)

• AKG D5 S (voz)

• AKG D40 (amplificadores, metales, caja, timbales)

• EV RE20 (bombo, metales, amplificadores)

• Neumann BCM 705 (bombo, amplificadores)

• Sennheiser E 945 (voz)

• Sennheiser E845 S (voz)

• Sennheiser E 935 (voz)

• Sennheiser MD441-U (caja, amplificadores de guitarra, timbales, metales)

• Sennheiser MD421 (voz, guitarras, viento, amplificadores, timbales, cajas)

• Sennheiser E 902 (bombo, timbales, amplificador de bajo)

• Sennheiser E 906 (amplificadores, metales, caja)

• Sennheiser E 604 (timbales, caja, percusión)

• Telefunken M80 (voz)

• Rode M1-S (voz)

Micrófonos de condensador (membrana grande)

Estos micrófonos cuentan con una gran sensibilidad y claridad de sonido. Son los más utilizados para grabar voces en estudio. También se utilizan para otros instrumentos como viento-madera, cuerda frotada, pianos, guitarras acústicas, guitarras clásicas e incluso percusiones y overheads de batería. También se pueden utilizar como microfonía de lejanía, captación de sonido de sala, ambientes, reverberaciones, etc. Como contrapartida, algunos modelos no suelen soportar una presión acústica excesiva.

- AKG C414
- AKG P420
- AKG C314
- AKG C12VR *
- Brauner VMX *
- Brauner VM1 *
- Rode NT1-A
- Rode NT2-A
- SE Electronics 2200
- SE Electronics 4400
- Sennheiser MK4
- Sennheiser MK8
- Studio Projects B1
- Neuman TLM 107 *
- Neuman TLM 103

- Neuman TLM 193 *
- Neuman M149 *
- Neuman U87 *
- Audio Technica AT4040
- Oktava MK-105
- Oktava MK-319
- Oktava MK 220
- Shure KSM32
- Shure KSM42
- Shure Beta 27
- Telefunken U47 *
- Telefunken C12 *

Micrófonos de condensador (membrana pequeña)

Al igual que los anteriores, estos micrófonos de condensador se caractarizan por su gran sensibilidad, claridad de sonido y por tener múltiples aplicaciones. Normalmente son utilizados como pares estéreo, por lo que los usos más habituales son la captación de overheads, pianos, microfonía de lejanía, ambientes, sonido de sala, secciones de cuerda, viento o coros, etc.

- Oktava Mk 012
- Rode NT5
- Sennheiser MKH 8040 *
- Sennheiser E 914
- Shure KSM 151 SL

- Shure SM81
- Shure SM137-LC
- Neumann KM184
- AKG C1000s MKIV
- AKG C 451
- Telefunken ELA M260 *
- Telefunken M60 FET
- SE Electronics sE5
- Schoeps CMC-62 *

Micrófonos de cinta

- Beyerdynamic M160 (vientos, percusión, amplificadores de guitarra)
- Beyerdynamic M 130 (percusión, amplificadores de guitarra, percusión)
- Royer Labs R-121 * (voz, amplificadores de guitarra, percusión)

* Modelos de gama alta

Grabadoras portátiles frecuentes

- Olympus LS-14
- Olympus LS-100
- Tascam DR-05 V2
- Tascam DR-40
- Tascam DR-100
- Sony PCM-D100

- Zoom H1
- Zoom H4nSP
- Zoom H4n Pro

Tarjetas de sonido frecuentes

- Focusrite Scarlett
- Focusrite Saffire Pro 40
- M-Audio M-Track
- MOTU 828x
- MOTU UltraLite
- MOTU 896
- Presonus AudioBox
- Steinberg UR22 MK2
- RME Fireface
- Universal Audio Apollo

Monitores de respuesta plana frecuentes

- Adam F5
- Adam F7
- Adam S2X
- Adam A7X
- Adam A8X
- Focal Alpha 65
- Genelec 8020 CPM
- Genelec 8040 BPM

- JBL LSR 305
- Mackie MR5
- Neumann KH 120 A
- Neumann KH 310 A
- KRK RP6
- KRK RP5
- KRK VXT 8
- JBL LSR 305
- Tannoy Reveal 502
- Yamaha HS 5
- Yamaha HS 8

Software de edición de vídeo frecuentes

- Premiere Pro
- Avid
- Final Cut
- Corel Video Studio
- Sony Vegas
- Pinnacle Studio
- Camtasia

Cámaras de vídeo semiprofesionales frecuentes

- Black Magic Mini
- Canon XC10
- Canon EOS 7D Mark II

- Canon EOS 70D
- Canon EOS 5D
- Canon Legria HF R57
- Canon Legria HF G25
- Canon Legria HF R76
- GoPro Hero5 Black
- GoPro Hero5 Session
- Nikon D810
- Panasonic HC-VX870
- Panasonic HC-V160EC
- Panasonic Lumix GH4
- Panasonic Lumix LX-100
- Samsung NX1
- Sony A7s
- Sony Handycam FDR-AX33
- Sony Nex VG20
- Sony HDR AS20B
- Sony HDR PJ620B
- Sony HDR-CX405

Estudios de grabación en España

ABRIGUERO ESTUDIOS - LUGO
http://abrigueiro.com/

ACLAM RECORDS - BARCELONA
http://aclamrecords.cat/

CUT RECORDS - VALENCIA
http://www.cut-records.es/

EDISCO - A ESTRADA (PONTE-VEDRA)
http://www.edisco.es/

EL MIRADOR - ALBUÑUELAS (GRANADA)
https://milocostudios.com/studios/el-mirador/

ELEFANTE ESTUDIO - VALENCIA
http://www.estudioelefante.es/

ESTUDIOS BROÑO - NEGREIRA (A CORUÑA)
http://www.estudiosbrono.com/

ESTUDIOS KARAMELO - BARCELONA
http://estudioskaramelo.com/

ESTUDIOS RENO - MADRID
http://www.estudiosreno.com/

GROWIN UP STUDIOS - SABADELL (BARCELONA)
http://growinupstudios.com/

HEADROOM ESTUDIO - MADRID
http://www.headroom.es/

HIGAIN ESTUDIOA - USÚRBIL (GUIPÚZCOA)
http://higain.net/

INFINITY ESTUDIOS - MADRID
http://www.infinityred.com/

KORYLAND BARCELONA
http://koryland.com/

LUNA NUEVA ESTUDIO - ZARAGOZA
http://www.lunanuevaestudio.com/

MEDUSA ESTUDIO - BARCELONA
http://www.medusaestudio.com/

MILLENIA ESTUDIOS - VALENCIA
https://millenia.es

MOBY DICK RECORDING STUDIO - MÁLAGA
http://mobydickestudio.com/

MUSIC LAN - FIGUERES (GIRONA)
http://www.musiclan.com/

ONDA ESTUDIOS - BARCELONA
http://ondaestudios.com/

PACO LOCO ESTUDIO - PUERTO DE SANTA MARÍA (CÁDIZ)
http://www.pacoloco.net/

PKO - BOADILLA DEL MONTE (MADRID)
http://pko.es/

PLAYGROUND ESTUDIO - MADRID
https://playgroundestudio.com/

PUERTO RECORDS - MÁLAGA
http://www.puertorecords.com/

RED LED - MADRID
https://www.redled.com/

ROBIN GROOVE - MADRID
http://www.robingroove.com/

SILENT MEDIA - SEVILLA
http://www.silentmedia.es/

SONIDO XXI - MÁLAGA
http://www.sonido21.com/

SONOBOX - MADRID
http://sonobox.es/

THE ROCKSTUDIOS - BILBAO
http://www.therockstudios.com/

Estudios de grabación en América Latina

ARGENTINA

VIRTUAL STUDIO - BUENOS AIRES
http://www.virtualestudio.org/

ORION - BUENOS AIRES
http://www.estudioorion.com.ar/

PLANTA BAJA STUDIO - BUENOS AIRES
http://www.plantabajastudio.com.ar/

STUDIO REC - BUENOS AIRES
http://www.studiorec.com.ar/

ESTUDIO PANDA - BUENOS AIRES
http://www.estudiopanda.com/

LA NAVE DE OSEBERG - BUENOS AIRES
http://www.lanavestudios.com/

EL PARQUE ESTUDIO - BUENOS AIRES
http://www.elparqueestudio.com.ar/

EL RECINTO - BUENOS AIRES
http://www.estudioelrecinto.com.ar/

440 ESTUDIO - CÓRDOBA
http://www.440estudio.com.ar/

ELECTRA ESTUDIO - CÓRDOBA
http://electraestudio.com.ar/

EQ ESTUDIO - MAR DEL PLATA
http://www.eqestudio.com.ar/

AD // FATTORIA DE SONIDO - MAR DEL PLATA
http://www.fattoriadesonido.com.ar/

BOLIVIA

POWER SOUND STUDIOS - LA PAZ
http://powersound-studio.blogspot.com.es/

VINTAGE STUDIOS - COCHABAMBA
http://vintagestudios.wixsite.com/

CHILE

ESTUDIO TIERRA - SANTIAGO
http://www.estudiotierra.com/

INFRASONIDO - SANTIAGO
http://www.infrasonido.cl/

DIGISOUND - SANTIAGO
http://www.digisound.cl/

C MUSIC - SANTIAGO
http://www.cmusic.cl/

VINILO ESTUDIO - SANTIAGO
http://www.viniloestudio.cl/

SELLO UNDER - SANTIAGO
http://www.sellounder.cl/

PROAUDIX - SANTIAGO
http://www.proaudix.cl/

STUDIO 25 - SANTIAGO
http://www.studio25.cl/

ESTUDIO VIENNA - CONCEPCIÓN
http://www.facebook.com/estudios.vienna

AFL - VALPARAÍSO
http://aflsonidoimagen.cl/

MIUT - VALPARAÍSO
http://www.miut.cl/

COLOMBIA

ISOUND STUDIO - BOGOTÁ
http://www.isoundstudio.com/

VELVET ESTUDIO - BOGOTÁ
http://www.velvetestudio.com/

DELTA RECORDS - BOGOTÁ
http://deltarecords.net/

ARCANO PRODUCCIONES - BOGOTÁ
http://arcanoproducciones.com/

K30 ESTUDIO - BOGOTÁ
http://www.k30estudio.com/

MUSIC TIME STUDIOS - BOGOTÁ
http://musictimestudios.com.co/

WHITE LEMON - BOGOTÁ
http://www.whitelemonstudios.com/

STEREO JOINT - BOGOTÁ
http://www.stereojoint.com/

BLAST BLAST MUSIC - MEDE-
LLÍN
http://www.blastblastmusic.com/

VEIL STUDIO - MEDELLÍN
https://www.facebook.com/veils-
tudiomedellin

COSTA RICA

VINTAGE STUDIO - CURRIDA-
BAT
https://www.facebook.com/vinta-
gestudiocr/

ESTUDIO VAYVA - ALAJUELA
http://www.estudiovayva.com/

THE CAVAN STUDIO - HEREDIA
http://www.thecavanstudio.com/

CUBA

ESTUDIOS OJALÁ - LA HABANA
http://estudiosojala.com/

ESTUDIOS ABDALA - LA HABANA
http://www.abdala.cu/

ECUADOR

OSSO RECORDS - GUAYAQUIL
http://www.ossorecords.com/

SEMIFUA ESTUDIO - QUITO
http://www.semifusaestudio.com/

ESTUDIO CARTER - QUITO
http://www.estudiocarter.com/

ACÚSTICA UIO - QUITO
http://www.acustica.com.ve/

EL SALVADOR

SOUNDTRACK STUDIO - SAN
SALVADOR
https://www.facebook.com/
soundtrackstudio/

GUATEMALA

ESTUDIO PRODUCCIONES 9:2 -
GUATEMALA
http://www.propheta.org/

IB MUSIC - GUATEMALA
http://www.ibmusic.com.gt/

WORLD MUSIC GUATEMALA -
GUATEMALA
http://www.arigar.com/

MÉXICO

SALA DE AUDIO - MÉXICO DF
http://www.saladeaudio.com/
Pedro y el Lobo - México DF
http://pedroyellobo.com/

HONKY TONK STUDIOS - MÉXICO DF
http://honkytonkstudios.com/

ARTCO - MÉXICO DF
http://artcorecordingstudios.com/

FATMAN STUDIOS - MÉXICO DF
https://www.facebook.com/fatmanstudios/

ESTUDIO 19 - MÉXICO DF
http://www.estudio19.com.mx/

MAKE SOME NOISE RECORDS - GUADALAJARA
http://www.makesomenoiserecords.net/

R-BOX STUDIO - GUADALAJARA
https://www.facebook.com/estudiorbox/

GODSPEED MEDIA - GUADALAJARA
https://www.godspeedmedia.com/

TESLA RECORDS - GUADALAJARA
http://www.facebook.com/teslarecords/

BACO PRODUCCIONES - PUEBLA
http://www.estudiodegrabacionenpuebla.com/

UPAEP - PUEBLA
http://www.upaep.mx/

PANAMÁ

TRILOGY STUDIO - PANAMÁ
http://www.trilogystudio.net/

PISO 3 STUDIOS - PANAMÁ
http://www.piso3studios.com/

PARAGUAY

BLUE CAPS - ASUNCIÓN
http://www.bluecaps.com.py/

MOTION STUDIO - ASUNCIÓN
http://www.motionstudio.org/

PERÚ

BOWIE RECORDS - LIMA
http://www.bowierecords.com/

MANTRAS ESTUDIO - LIMA
http://mantrasestudio.com/

EOG PRODUCCIONES - LIMA
http://www.eogproducciones.com/

JOTA G ESTUDIO - LIMA
http://www.jotagestudio.com/

PUERTO RICO

BM STUDIO - SAN JUAN
http://www.bmstudiopr.com/

ALFA RECORDINGS - SAN JUAN
http://www.alfarecordings.com/

ASTRA STUDIOS - SAN JUAN
http://astrastudios.com/

REPÚBLICA DOMINICANA

HYBRID STUDIOS - SANTO DO-MINGO
http://hybridstudiosdr.com/

DOMINI MUSIC RECORDS - SAN-TO DOMINGO
http://www.dominimusicrecords.com/

MIDILAB STUDIOS - SANTO DO-MINGO
http://www.midilabstudios.com/

URUGUAY

MONTEVIDEO RECORDS - MON-TEVIDEO
http://www.montevideorecords.com/

VIVACE MUSIC - MONTEVIDEO
http://www.vivacemusic.com.uy/

ESTUDIOS PUENTE - MONTEVI-DEO
http://estudiospuente.wixsite.com/

SONDOR - MONTEVIDEO
http://www.sondor.com/

THE ROAD STUDIOS - MONTEVI-DEO
http://theroadstudios.weebly.com/

VENEZUELA

ESTUDIOS BACKSTAGE LATINO-AMÉRICA - CARACAS
http://www.estudiosbackstage.com/

Contenido online sobre producción musical

- Hispasonic.com
- Soundonsound.com
- 7notasestudio.com
- Audiofanzine.com
- Audioforo.com
- BobOlhsson.com
- Jamcast.co.uk
- Ispmusica.com

BIBLIOGRAFÍA

ALTEN, STANLEY R. *El sonido en los medios audiovisuales*. Escuela de Cine y Vídeo de Andoaín, 2008.

AIKIN, JIM. *Software Synthetizers: The Definitive Guide to Virtual Musical Instruments*. Backbeat Books, 2003.

BARTLETT, BRUCE / BARTLETT, JENNY. *Grabando música en vivo: Capturando la actuación en directo*. Escuela de Cine y Vídeo de Andoaín, 2007.

BREGITZER, LORNE. *Secrets of Recording: Professional Tips, Tools & Techniques*. Focal Press, 2009.

CENET CENTELLAS, FERNANDO, PROSPER, JOSÉ. *Narrativa audiovisual: estrategias y recursos*. Edición Síntesis, 2009.

CILLER TENREIRO, CARMEN / PALACIO ARRANZ, MANUEL. *Producción y desarrollo de proyectos audiovisuales*. Editorial Síntesis, 2016

COX, ARTHUR. *Óptica fotográfica*. Omega, 1979.

CHERTKOW, RANDY / FEEHAN, JASON. *The DIY Music Manual*. St Martin's Press, 2008.

CRICH, TIM. *Recording Tips for Engineers*. Black Ink Publishing, 2002.

DELGADO, JOSÉ ÁNGEL / IVARS, CAMINO / TAUSIET, ANTONIO. *El mundo del rodaje. Procesos de realización audiovisual*. Altaria, 2015.

EMERICK, GEOFF / MASSEY, HOWARD. *El sonido de los Beatles: Memorias de su ingeniero de grabación*. Ediciones Urano, 2011.

FREEMAN, MICHAEL. *El ojo del fotógrafo*. Blume, 2016.

GALLAGER, MITCH. *Acoustic Design for the Home Studio*. Thomson Course Technology, 2006.

GIBSON, BILL. *Microphones and Mixers: Hal Leonard Recording Method*. Hal Leonard, 2008.

GIBSON, BILL. *Recording Software & Plug-Ins: Hal Leonard Recording Method*. Hal Leonard, 2008.

GÓMEZ, ALEJANDRO / MOLERO, JOSÉ LUIS / MORALES, FRANCESC. *Grabación en estudio. Preparación y técnicas*. Altaria, 2015.

HUBER, DAVID MILES / RUNSTEIN, ROBERT E. *Técnicas de grabación modernas*. Ediciones Omega, 2007.

JOHNS, GLYIN. Sound Man. Plume, 2015.

LABRADA, JERÓNIMO. *El sentido del sonido: la expresión sonora en el medio audiovisual*. Alba Editorial, 2009.

LOCO, PACO. Loco. *Cómo no llevar un estudio de grabación*. Hurtado & Ortega, 2016.

MCCORMICK, TIM / RUMSEY, FRANCIS. *Sonido y grabación. Introducción a las técnicas sonoras*. Ediciones Omega, 2008.

MARTÍNEZ, JOSÉ / FERNÁNDEZ DÍEZ, FEDERICO. *Manual básico de lenguaje y narrativa audiovisual*. Ediciones Paidós, 1999.

MASSY, SYLVIA. *Recording Unhinged: Creative and Unconventional Music Recording Techniques*. Hal Leonard, 2016.

MORALES MORANTE, FERNANDO. *Montaje Audiovisual. Teoría, Técnica Y Métodos De Control*. UOC, 2013.

OWSINSKI, BOBBY. *The Recording Engineer's*. Cengage Learning PTR Handbook, 2013.

PEJROLO, ANDREA. *Acoustic and MIDI orchestration for the contemporary composer*. Focal Press, 2007.

RHIND-TUTT, MORTIMER. *Music Technology From Scratch*. Rhinegold Education, 2009.

STRONG, JEFF. *Home Recording for Musicians for Dummies*. Wiley, 2014.

SENIOR, MIKE. *Mixing Secrets for the Small Studio*. Focal Press, 2011.

SENIOR, MIKE. *Recording Secrets*. Focal Press, 2014.

WATKINSON, JOHN. *Introducción al audio digital*. Escuela de Cine y Vídeo de Andoaín, 2003.

WHITE, PAUL. *Basic Live Sound*. SMT, 2003.

WHITE, PAUL. *Basic Digital Recording*. Sanctuary Publishing, 2004.

WHITE, PAUL. *Basic Effects And Processors*. SMT, 2010.

WHITE, PAUL. *Basic Home Studio Design*. Sanctuary Publishing, 2000.

WHITE, PAUL. *Basic Mastering*. Music Sales America, 2006.

WHITE, PAUL. *Basic Microphones*. Music Sales America; 1 edition (January 1, 2006).

WHITE, PAUL. *Basic MIDI*. Sanctuary Publishing, 2000.

WHITE, PAUL. *Basic Mixing Techniques*. Music Sales America, 2006.

WHITE, PAUL. *Basic Multitracking*. Music Sales America, 2006.

WHITE, PAUL. *Basic Sampling*. Music Sales America, 2006.

WHITE, PAUL. *Basic VST Effects*. SMT, 2010.

AGRADECIMIENTOS

Me gustaría agradecer a todas las personas que, directa o indirectamente, me han contagiado su entusiasmo por la grabación musical, la realización, la imagen y el sonido, y que me han ayudado a comprender mucho mejor cómo funciona este mundillo, tan complejo y a la vez enriquecedor. Este libro nunca hubiese sido posible sin ellos.

En primer lugar a aquellos que conozco personalmente.

A los hermanos Javier y Jacobo García. Hace ya bastantes años que fui con mi primera maqueta a casa de estos dos *cracks* de la música y el sonido para saber qué opinaban. Ahí fue la primera vez que supe lo que era un compresor... más o menos. Porque se me olvidó el nombre y estuve un tiempo llamándolo 'esa cosa que engorda el sonido'. A partir de entonces no he dejado de aprender con ellos.

Por cierto, gracias por no haber enseñado esa grabación a nadie (no estoy muy seguro de si se podía llamar 'maqueta' a eso).

A Sergio Cascales, sin el que la grabación de mi primer disco hubiese naufragado estrepitosamente. Sergio supo aconsejarme sabiamente en la que era mi primera producción seria. Cuando las cosas se ponen serias durante una grabación es de vital importancia tener una visión externa. Es muy fácil volverse loco en el estudio cuando eres al mismo tiempo quien produce, compone e interpreta las canciones. Es necesario alguien que te aconseje, te haga ver cuándo las cosas deben ir en una dirección más recta. Aunque no tenía por qué hacerlo, Sergio Cascales ejerció de copiloto del barco en innumerables ocasiones. Para alguien acostumbrado al ámbito del home studio, grabar en su estudio y sentirme como en casa fue como recibir un master intensivo. Cuando estuve a punto (mil veces) de chocarme contra el iceberg, tuve la suerte de tener a mi lado a esta gran persona.

Además me ha ayudado puntalmente en la elaboración de este libro, por tanto este es un doble agradecimiento.

Muchísimas gracias por supuesto a Germán Pérez Fernández por todo. También a Raúl Benítez por aquella larga conversación sobre grabación musical.

En el terreno audiovisual quiero agradecer enormemente a Lucas Palacios Gil, Miriam Gil y Manuel Blanco Bandera por las fotografías que realizamos en Ronda para este libro. También a Sigfrido Gross y Edu Moyano por supervisar los apartados dedicados a la grabación y realización de vídeo.

No me quiero olvidar de aquellos a quienes no tengo el gusto de conocer personalmente pero cuyas enseñanzas, conferencias y artículos me han ayudado mucho desde que me inicié en el mundo del sonido hace más de 15 años: Antonio Escobar, Carlos Hernández, Pepe Loeches (DEP), Paco Loco y Jaime Cortezo. Y a la comunidad de Hispasonic.

Por supuesto a todos los músicos, ingenieros y productores cuyas grabaciones me han abierto los ojos y los oídos: Alan Parsons, Amy Winehouse, The Beatles, Bob Ezrin, Bob Dylan, Brian Wilson, The Doors, Glyn Johns, George Martin, Héroes del Silencio, Iñaki Antón, Pink Floyd, Queen, Rolling Stones, Triana, Mark Ronson y tantos otros.

Por último quiero hacer una mención especial a las marcas que han ayudado a ilustrar este libro: Adam, Manuel Rodríguez Guitarras, Gibson, Zentral Media, Rode, Focusrite, Tascam,

A todos ellos muchísimas gracias.

David Little
davidlittle.es

En la misma colección Ma Non Troppo / Taller de: